開明書店
香港管理學院出版社

賀耀敏 甄峰 著

CHINA BY THE NUMBERS

以 數 字 解 讀 中 國 經 濟 用 圖 表 記 錄 發 展 歷 程

數字解讀中國

中 國 的 發 展 座 標 與 發 展 成 就

目　錄

序

6 進出口：互通有無、互利互惠

7 能源資源「柴米油鹽」第一件

8 金融：一個「高大上」的行業

序

中華人民共和國的成立是20世紀中葉以來世界最重大的事件。一個長期處於半殖民地半封建社會的舊中國從此進入社會主義的新中國，從而進入了快速發展的新階段。習近平總書記指出：「建立中國共產黨、成立中華人民共和國、推進改革開放和中國特色社會主義事業，是五四運動以來我國發生的三大歷史性事件，是近代以來實現中華民族偉大復興的三大里程碑。」[1]

社會主義的發展道路不是平坦的。從20世紀50年代到70年代後期，由於受國際冷戰格局的影響，由於西方資本主義國家對以蘇聯為首的社會主義陣營的封鎖，由於中國計劃經濟體制和長期「左」的錯誤思想的制約，中國的發展受到了很大的影響，沒能取得應有的成效。中國經濟的快速發展是從20世紀70年代後期開始的，從1978年黨的十一屆三中全會到今天，已歷經40多年的快速發展。

中國崛起了！ 40多年來，中國經濟建設和發展走過了極其不尋常的歷程，經濟體制改革和對外開放取得了舉世矚目的成就，中國發展道路的探索積累了寶貴的成功經驗。中國經濟發展創造了自工業革命以來世界經濟發展的奇跡，中國經濟發展的軌跡成為國內外許多人渴望了解的「世紀之謎」。中國經濟的高速增長改寫了世界經濟版

1 習近平．在慶祝改革開放40周年大會上的講話．北京：人民出版社，2018：4.

圖，也改變了人們對經濟發展理論與實踐的一般認識。中國成就了一個不同於西方發達國家發展道路的經濟快速發展的經典事例。

從 1978 年到 2019 年的 40 多年間，中國社會生產力和綜合國力邁上了新的台階。下面這一組數字最能說明這種巨大變化：國內生產總值從 3 645 億元增長到 99.1 萬億元，經濟總量為世界第二；進出口總額從 206 億美元增長到 4.58 萬億美元，再次成為全球第一貿易大國；外匯儲備從 1.67 億美元增長到 3.11 萬億美元，為世界第一；原煤產量從 6.18 億噸增加到 38.5 億噸；原油產量從 1.04 億噸增加到 1.91 億噸；發電量從 2 565 億千瓦小時增加到 75 034.3 億千瓦小時；鋼材產量從 2 208 萬噸增加到 120 477.4 萬噸；汽車產量從 14.91 萬輛增加到 2 552.8 萬輛；全國城鎮居民人均可支配收入從 343 元增加到 42 359 元，農村居民人均純收入由 134 元增加到人均可支配收入 16 021 元[1]；國內出遊人數達到 60.1 億人次，國內居民出境人數達到 16 921 萬人次，人民生活發生了巨大變化[2]。

中國制度優勢的充分發揮

社會制度和發展道路是關乎一個國家生存與發展的立國之本。第一個百年的奮鬥和 70 多年來的建設，逐步探索並形成了中國特色社會主義社會制度和發展道路，這不僅確保了中國 70 多年的蓬勃發展，而且將繼續為實現第二個百年奮鬥目標奠定牢固的制度和道路基礎。

1　2013 年調整統計標準，城鎮居民從測算「家庭人均可支配收入」調整為測算「人均可支配收入」；農村居民從測算「家庭人均純收入」調整為測算「人均可支配收入」。本書中若無特殊說明，均用新口徑表述相關數據內容。

2　本序言中的數據主要來源於國家統計局歷年統計數據。

在中國近現代史上，各種救國思想和主張層出不窮，各種社會改良試驗紛至遝來。歷史證明：正是中國共產黨的成立和艱難探索，才為中國百年來的發展指明了道路。只有通過新民主主義革命建立社會主義才是近現代中國的唯一出路，才是改變中國半殖民地半封建社會命運的偉大變革。在中國建立社會主義制度本身就是一件具有劃時代意義的偉大事件。在中國共產黨的領導下，中國人民大力推進社會主義經濟制度建立和國家工業化建設，通過自力更生、艱苦奮鬥，終於建設起了一個比較完整的現代工業體系和國民經濟體系。在新中國經濟建設中形成的「全國一盤棋」「集中力量辦大事」的體制優勢，成為了在經濟基礎十分薄弱條件下建設社會主義的基本經驗與有效途徑。

改革開放和現代化建設給社會主義中國的經濟插上了騰飛的翅膀，中國共產黨在這一時期創立了中國特色社會主義，激發了中國人民建設中國特色社會主義的空前熱情與活力，中國社會經濟呈現了前所未有的快速發展，人民生活發生了巨大改變，中國的國際地位空前提高。事實證明，只有將社會主義與中國國情相結合才能在中國大地紮下根來，發揮中國特色社會主義的巨大優越性；社會主義充分調動了廣大人民群眾的積極性和創造性，形成建設社會主義的巨大動力；只有充分學習和借鑒人類一切文明成果，才能更快地發展社會主義。解放思想、實事求是、與時俱進，成為改革開放這個時代的最強音。

進入新時代以來，中國共產黨確立了習近平新時代中國特色社會主義思想，成為我國新時代社會主義建設的指導思想，為新時代中國特色社會主義制度和道路開闢了廣闊空間。與此同時，全面深化改革推動着中國經濟向着更高階段邁進，供給側結構性改革推動着中國經濟轉型升級的全面展開，正在形成對內對外開放，塑造着中國新的戰略格局，新的「兩步走」戰略規劃了到 21 世紀中葉全面實現現代化和中華民族偉大復興的發展路徑。

中國 GDP 增長的奇跡

1978 年以來，中國經濟的整體增長成為世界關注的焦點。今天的人們總是感覺我們的國家與經濟發達國家之間還有差距，我們的現代化建設還可以並應該更快一些，這本是無可厚非的，但是如果回顧一下中國百年來的經濟發展史，我們就可以發現在中國這樣一個經濟基礎比較薄弱的國家進行現代化建設，面臨的困難是難以想像的。

1840 年以來，中國從一個東方文明大國逐步衰落，淪為半殖民地半封建社會。1949 年，中華人民共和國成立，中國的現代化史才開始改寫。黨和政府帶領人民開始了空前的社會主義建設，中國從人口眾多、一窮二白、科技文化水平落後的國家，經過 70 多年的奮鬥，終於成為目前世界上發展最快、增長最有活力、最具國際影響力的世界第二大經濟體，中國的崛起被視為世界經濟發展史上的奇跡。

新中國 70 多年的社會主義經濟建設史表明，在經濟文化基礎落後、人口眾多的大國建設現代化的國民經濟，不應該也不可能照搬任何其他國家的經驗與模式，必須從中國的實際出發，走中國自己的建設道路。在這個問題上，中國既有成功的經驗，也有失敗的教訓。中國雖然在經濟建設中走過彎路，但仍取得了比西方國家更快的經濟發展和社會進步。當然，目前中國的經濟發展水平同發達國家之間還有着較大的差距，還沒有建立起現代化所必需的紮實的物質技術基礎和社會文化條件。鄧小平說：「貧窮不是社會主義，社會主義要消滅貧窮。不發展生產力，不提高人民的生活水平，不能說是符合社會主義要求的。」[1]

1 鄧小平 . 鄧小平文選：第 3 卷 . 北京：人民出版社，1993：116.

70 多年來，中國經濟迅速發展，極大地增強了中國的綜合國力，極大地改善了人民生活狀況和水平，極大地提升了中國的國際地位，圖 1、圖 2 很好地說明了這一點。

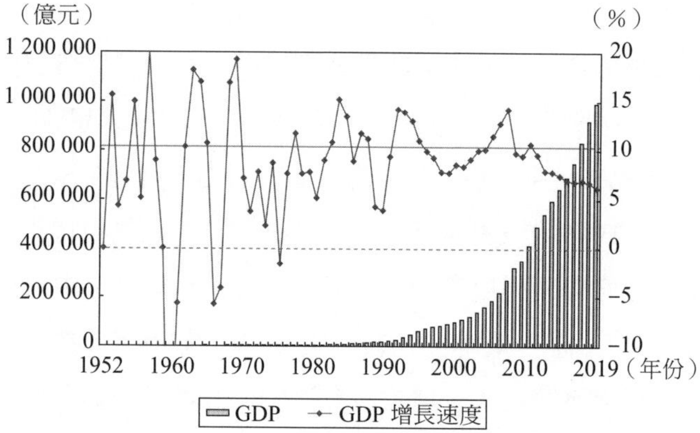

圖 1　1952—2019 年我國 GDP 及其增長速度

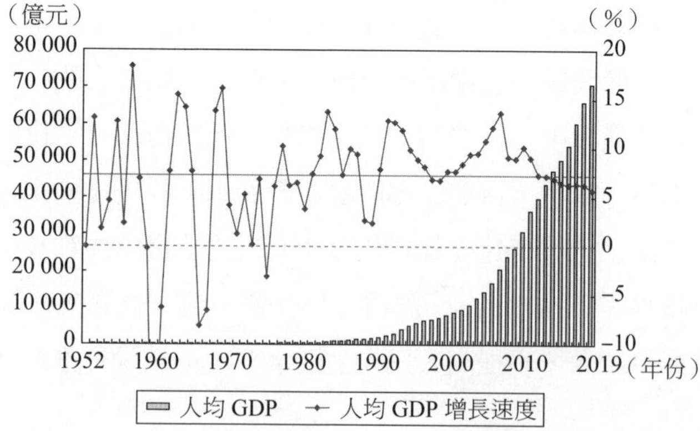

圖 2　1952—2019 年我國人均 GDP 及其增長速度

中國產業結構升級的奇跡

新中國經濟發展取得的突出成就也表現為經濟結構和產業結構方面的深刻變化。70 多年前的中國還停留在以農業生產為主的發展階段，儘管有一些手工業和現代工業，但是在國民經濟中佔比很低。70 多年來，中國在這個起點上開展了大規模的工業化建設和國民經濟體系建設，逐步發展成為一個以現代製造業為主、現代服務業蓬勃發展的大國，國民經濟結構和產業結構空前改善。

中國從一個以農業為主的大國逐步發展成為一個以工業為主的大國，最近幾十年來服務業更是迅速發展，中國的產業結構空前改善。近 20 年來，中國產業結構的變化則尤為深刻，它不僅表現為三個產業之間比例關係的調整，而且更主要地表現為各個產業內部的調整。

產業結構變遷和經濟結構變化都是經濟現代化最重要的指標。1949 年，中國還基本上是一個農業國。在當時的國民收入中，農業所佔比重高達 68.4%，工業僅為 12.6%。1952 年，第一、二、三產業的比例分別為 50.5%、20.9%、28.6%，1978 年為 28.1%、48.2%、23.7%，2016 年為 8.6%、39.8%、51.6%。在 GDP 的比重中，第一產業由 1952 年的 50.5% 下降到 2019 年的 7.1%，第二產業則由 20.9% 上升至 39.0%，第三產業比重由 28.6% 大幅度上升至 53.9%（見圖 3、圖 4）。這一變化顯示出在中國經濟不斷取得高速增長的同時產業結構不斷優化的趨勢。

產業結構的快速變化帶動了優質的經濟發展。70 多年來中國經濟發展速度保持了同期世界較高的水平，特別是改革開放以來更是實現了世界最快的發展速度，如按不變價計算，2018 年中國 GDP 比 1952 年增長 175 倍，年均增長 8.1%；其中 1979—2018 年 GDP 年均增長

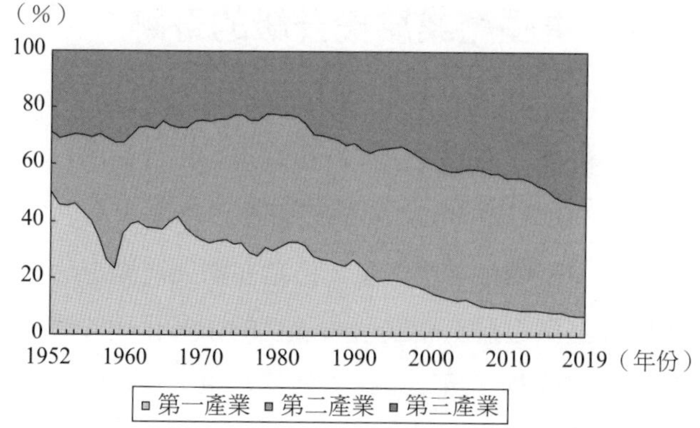

圖 3　1952—2019 年三次產業在 GDP 中的佔比

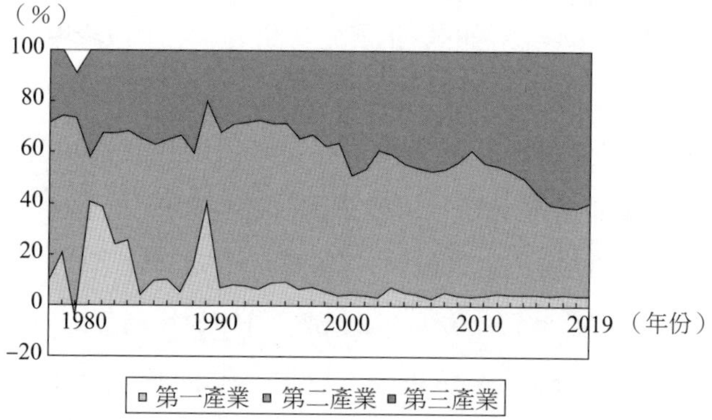

圖 4　1978—2019 年三次產業對 GDP 增長的貢獻率

9.4%，遠高於同期世界經濟 2.9% 左右的年均增速。這就使得中國經濟在世界經濟總量中的比重不斷提升：1978 年，中國 GDP 約佔世界經濟總量的 1.8%，居全球第 11 位；2000 年升至世界第 6 位；2010 年超過日本並連年穩居世界第 2 位。黨的十八大以來，中國綜合國力持續提升，近 3 年經濟總量連續跨越 80 多萬億元、90 萬億元和接近 100 萬億元大關，佔世界經濟總量的比重超過 15%。

在新中國經濟發展的歷史上，我們制定了 13 個「五年規劃（計劃）」，開展了包括 156 項工程在內的國家工業化奠基工程建設，經歷了「三線建設」和國防工業建設高潮，建立了經濟特區、沿海開放城市到浦東開發、全面對外開放新格局，實現了西部大開發、振興東北老工業基地、長江經濟帶高質量發展、粵港澳大灣區經濟發展和京津冀協同發展，完成了北斗衛星、中國高鐵、港珠澳大橋等重大項目工程建設。

目前，中國擁有聯合國產業分類中全部的工業門類，有 200 多種工業品產量居世界第一，從 2010 年起製造業增加值穩居世界第一。

中國擴大對外開放的奇跡

中國的發展離不開世界，世界的發展也離不開中國，經濟全球化的發展趨勢不可阻擋。

外部環境特別是世界經濟環境的變化始終是中國經濟發展面臨的重大問題。早在新中國成立之初，中國並沒有想關起門來搞建設，試圖與包括西方國家在內的世界各國發展經濟貿易關係。但嚴酷的事實是，以美國為首的西方國家遏制、封鎖、打壓中國，力圖摧毀剛剛誕生的中國人民政府。例如在新中國成立初期，中國對外貿易落後失衡，當時的進出口規模十分有限。1950 年的貨物進出口總額僅為 11.3 億美元。在 20 世紀 50—70 年代，中國整體進出口雖有增長，但是仍處於較低水平。1978 年的貨物進出口總額僅為 206 億美元，居世界第 29 位，這與中國的大國地位不相適應。可以說，中國經濟是在各種封鎖打壓的夾縫中頑強成長起來的！

改革開放以來，隨着冷戰格局的打破，中國抓住了經濟發展的戰略機遇期。中國經濟積極搭上了經濟全球化的快車，對外開放程度不斷加深，形成了全方位對外開放格局，特別是 2001 年中國加入 WTO 之後，中國參與經濟全球化的步伐加快，極大地改變了中國經濟的面貌和在世界經濟中的地位。

經濟全球化是社會生產力與科技發展的客觀要求和必然結果，是各國在市場和生產上的相互依存度日益加深的過程，其通過經濟聯繫優化各種生產要素和資源的配置，有效促進了人力、資本、商品、服務、技術和信息等資源的跨國界、跨地區流動。

中國是經濟全球化的受益者，也是最主要的支持者。改革開放 40 多年來，中國全方位的對外開放格局基本形成，對外開放是拉動中國經濟發展最重要的力量。伴隨着中國開放型經濟的迅速發展，中國對外經濟關係也發生了重大變化。對外開放是中國改革開放和社會主義現代化建設新時期最重要的戰略抉擇之一。中國不會關上對外開放的大門，中國提出的「一帶一路」倡議，就是要把中國的對外開放推向一個更高的階段。有關數據也表明了中國的立場和行動：2018 年，中國貨物進出口貿易總額達到 4.6 萬億美元，這個數字表明中國進出口貿易總額比 1978 年增長了 223 倍，已經連續兩年居世界首位（見圖 5）；服務進出口貿易總額 7 919 億美元，比 1982 年增長了 168 倍，躍居世界第 2 位。當前美國挑起的中美貿易摩擦不斷升級，中國仍堅定支持多邊貿易體制，積極推進貿易投資自由化、便利化。中國不會成為國際貿易秩序的破壞者，中國將全面發展多邊經貿關係和區域經濟合作，共建「一帶一路」。

中國的許多優秀企業跨出了國門，以全球為廣闊市場，為世界提供產品和服務。據統計，2008—2017 年，中國企業進入全球 500 強企業的數量分別為 37 家、46 家、61 家、73 家、89 家、95 家、98 家、103 家、109 家、111 家。在美國《財富》雜誌發佈的 2018 年

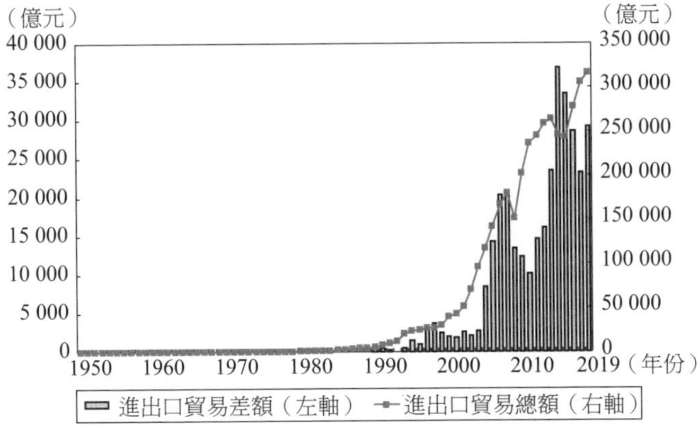

圖 5　1950—2019 年進出口貿易差額變動與進出口貿易總額變化趨勢

全球 500 強企業排行榜中，中國企業達 120 家，僅次於美國的 126 家。其他如日本 52 家、德國 32 家、法國 28 家、英國 21 家、韓國 16 家、荷蘭 15 家、瑞士 14 家，都遠比中國少。2018 年全球 500 強企業平均銷售收入 597 億美元，中國入圍企業平均銷售收入 599 億美元；全球 500 強企業平均利潤 37.68 億美元，中國入圍企業平均利潤 30.72 億美元，總體看來基本持平。這些中國入圍企業規模巨大、實力雄厚，迅速成為了國際知名跨國公司，並在海外享有較高聲譽。

人民生活水平大幅提高的奇跡

在中國的社會政治生活中，人民是崇高而又具體的。中國的發展為了人民，人民是改革與發展成果的根本受益者。

中國人民的生活狀態和生活水平是在 1949 年新中國成立時才開始發生根本改變的。從那時開始，中國共產黨和中央人民政府在全國範圍內大規模醫治戰爭創傷，恢復正常生產和生活秩序，僅用了短短幾年時間，便徹底廢除了封建土地所有制，使數億貧苦農民翻身解放，擁有了自己的土地；徹底解決了長達 10 餘年的惡性通貨膨脹，積極安置了數百萬人的工作就業問題，並在全國範圍內解決了廣大人民流離失所、困苦不堪的生活問題。

70 多年來，中國城鄉人民的物質和文化生活發生了巨大變化。

一是可以從 70 多年來城鄉居民人均收入的增長略見一二。1949 年城鎮居民人均年收入不足 100 元，農村居民人均純收入不足 50 元；1978 年，全國城鎮居民人均可支配收入增加到 343 元，農村居民人均純收入增加到 134 元。改革開放 40 餘年來，人民生活水平提高更為顯著，2019 年城鎮和農村居民人均可支配收入分別增至 42 359 元和 16 021 元（見圖 6）。這樣的增長速度在同期世界其他國家中是沒有的。

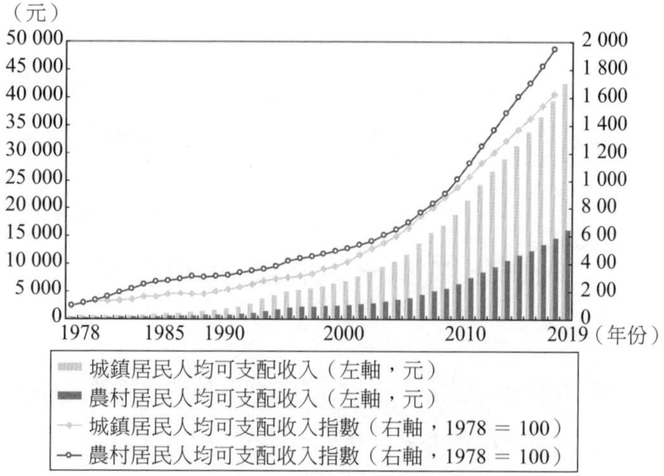

圖 6　1978—2019 年居民收入及其變動情況

二是中國城鎮居民恩格爾係數顯著下降。2019 年中國城鄉居民恩格爾係數整體為 28.2%，比上年下降 0.2 個百分點，其中城鎮為 27.6%，農村為 30.0%（見圖 7）。居民支出中用於文化娛樂等的消費增長迅速，據統計，截至 2018 年，中國移動寬帶用戶達 13.1 億，基本建成全球最大的移動寬帶網，網上支付、網上消費成為時尚。居民消費水平不斷提高，消費類別不斷多樣化（見圖 8、圖 9）。

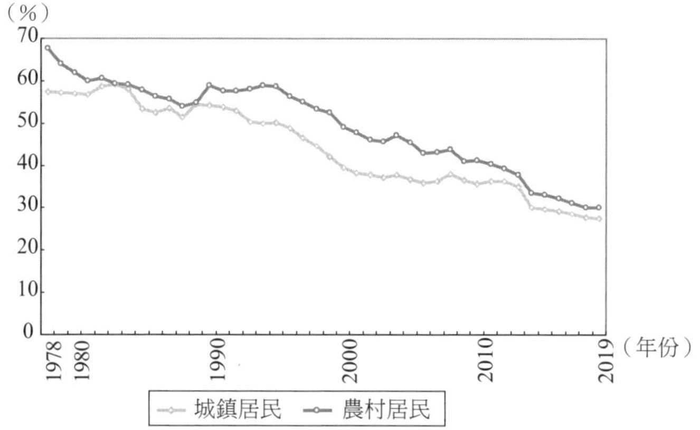

圖 7　1978—2019 年居民恩格爾係數及其變動情況

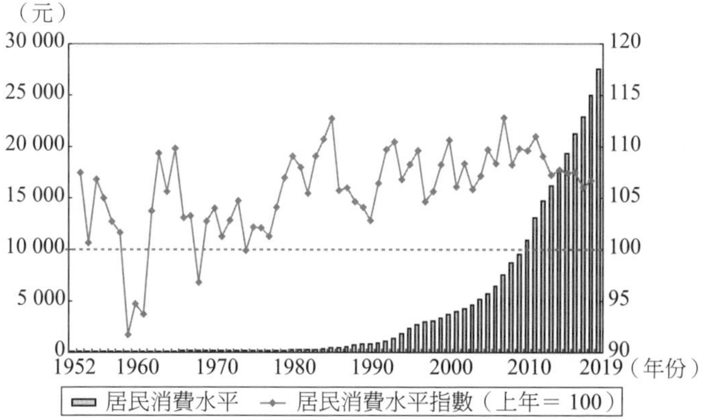

圖 8　1952—2019 年居民消費水平及其變動情況

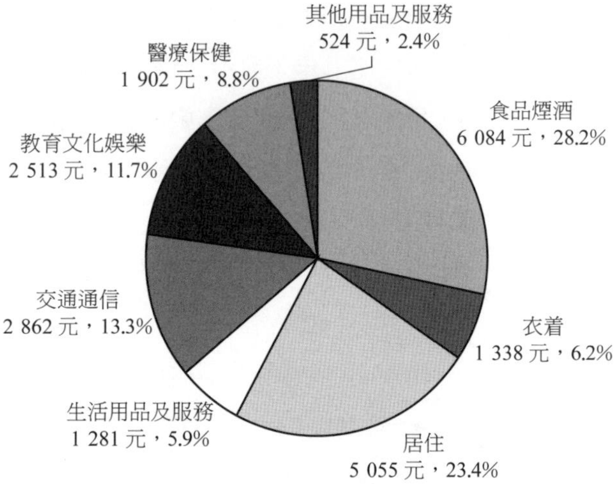

圖 9　2019 年全國居民人均消費構成

數據來源：國家統計局 . 中華人民共和國 2019 年國民經濟和社會發展統計公報 . 國家統計局官網，2020-02-28.

三是文化教育狀態徹底改觀，總體水平躍居世界中上行列。新中國成立初期中國文盲率高達 80% 以上，1982 年文盲率降至 22.8%，近些年又降至 15% 左右，尤其是高等教育的發展速度舉世矚目。2018 年，普通本專科在校學生 2 831 萬人，比 1978 年增長 32 倍，高等教育毛入學率已達到 48.1%，高於中高等收入國家平均水平。

四是中國城鎮化水平顯著提升。新中國成立之初城鎮人口佔總人口的比重僅為 10.6%，1978 年升至 17.9%，2018 年達到 59.6%。中國已經進入全面建成小康社會階段，這是一個歷史性的飛躍。

隨着生活狀況的逐漸改善，中國人民的健康水平大大提高。在舊中國，人民的健康狀況極端惡化，人口死亡率高。據調查，部分地區人口平均壽命只有 35 歲左右。新中國成立後，伴隨着人民生活水平、醫療服務水平、社會保障水平的提高，人口死亡率大幅下降，平均壽命大幅提高。2015 年，中國人口平均預期壽命為 76 歲。按照《「健康中國 2020」戰略研究報告》中的目標要求，2020 年中國人均預期壽命將達到 77 歲。世界銀行的專家對中國發生的變化評論道：「中國只用了一代人的時間，取得了其他國家用幾個世紀才能取得的成就。」

從 2021 年開始，中國將開啟「十四五」規劃，進入新發展階段。在這個新發展階段，我們將乘勢而上，開啟全面建設社會主義現代化國家新征程，向第二個百年奮鬥目標進軍。我們要以辯證思維看待新發展階段的新機遇新挑戰，要以暢通國民經濟循環為主構建新發展格局，要以科技創新催生新發展動能，要以深化改革激發新發展活力，要以高水平對外開放打造國際合作和競爭新優勢，要以共建共治共享拓展社會發展新局面。宏偉的藍圖正在繪製，我們期待未來用新的數字來解讀中國的新發展階段，展現全體勞動者的創造力與中國發展的新成就。

經濟增長

GDP 的重要性

chapter 1

1

國內生產總值（Gross Domestic Products，GDP）是一定時期內（通常為一年或一個季度），一個國家或地區經濟運轉中所創造的全部最終產品和勞務的價值總和，常被視作衡量一國或一地區經濟狀況和發展水平的代表性指標。GDP 是目前國際社會用於衡量經濟形勢和經濟運轉狀況最具代表性的指標，是人們以數字將經濟可視化的重要一步，被稱作「20 世紀最偉大的發明之一」。

正是因為有了 GDP 這一概念，人們開始用它來測算經濟增長情況。例如，經濟史學家安格斯・麥迪森（Angus Maddison）測算，從公元前 100 萬年至公元 1500 年，全球人均 GDP 僅增長了不到 50%。16 世紀以後，西歐經濟增長加速，按照麥迪森的數據，從 1500 年到 1820 年，以 1900 年的國際美元價格計算，西歐人均 GDP 從 670 美元增至 1 216.9 美元，增長了 81.6%，而西歐以外的地區則從 532 美元增至 594 美元，僅增長了 11.7%。

同樣，按照麥迪森的測算，在公元元年，中國 GDP 佔世界 GDP 的 26.2%，是世界第二大經濟體，僅次於印度。在公元 1000 年時中國佔 22.7%，隨後一直佔 20% 以上。1500 年，中國超越印度，成為世界第一大經濟體。1776 年中國 GDP 仍為世界第一。1820 年中國 GDP 佔到世界 GDP 的 32.9%，遠遠高於歐洲國家的總和。中國 GDP 佔世界 GDP 的比重下滑則是在 1840 年鴉片戰爭以後了。

改革開放以來，中國 GDP 在 30 餘年內保持了年均 10% 以上的增長速度，成為這一時期全球經濟增長速度最快的國家之一，經濟總量自 2010 年起超過日本，成為全球第二大經濟體。

在經濟快速增長和人民生活水平不斷提高的同時，以 GDP 作為核心或唯一指標衡量一個國家的強弱或者考核一個地方政府績效的做法也越來越受到質疑，以至於人們對 GDP 本身產生了質疑。使用 GDP 做量化考核指標源於 GDP 是一個國際通行的可準確量化的指標，表現形式簡潔，易於區域間、國家間橫向或者縱向的比較。例如，我們可以從一個國家不同地區的 GDP 看出其經濟發展水平和差距，可以從不同國家的 GDP 看出各個國家的經濟發展水平，更可以從不同地區、不同國家人均 GDP 看出其經濟發展所處水平和階段。但是，隨着人們認識的深化，發現現行 GDP 的核算方法並不能全面測算與人們生產生活息息相關的資源環境因素，因而無法準確衡量經濟發展成本。

客觀來看，在可預期的未來，GDP 仍將是最重要的衡量發展水平的指標。但是可以確信，隨着創新、協調、綠色、開放、共享新發展理念深入人心，隨着地方政府考核目標的多元化，經濟增長強調資源環境和居民福利並重，擺脫單純追求 GDP 的衝動，實現「人民生活幸福」的目標將很快實現。

| 小貼士 |

GDP 的由來

2000 年，美國商務部刊文稱 GDP 為「20 世紀最偉大的發明之一」。GDP 實際指代以其為代表的一整套國民賬戶體系。該體系由美國商務部於 20 世紀 30 年代發起，委託西蒙・庫茲涅茨（Simon Kuznets）領銜研發，用於測算美國國民經濟的財富創造水平，並於 1937 年形成《國民收入：1929—1935》提交美國國會。

隨後，該體系不斷發展，並於 1953 年由聯合國頒佈推行，稱為國民賬戶體系（System of National Accounts，SNA-1953）。此後聯合國於 1968 年、1993 年和 2008 年對其進行了三次重大修改，並在全球推廣使用。

GDP 及其測算體系目前仍是最為規範和最為準確測量經濟增長成果的國際通行指標和體系。我國目前測算 GDP 使用的《中國國民經濟核算體系（2016）》即遵照聯合國 SNA-2008 編制和實施。

| 小貼士 |

新發展觀

黨的十六屆三中全會提出了「堅持以人為本，樹立全面、協調、可持續的發展觀」，一般稱之為新發展觀。

一般認為，新發展觀的提出是從過去片面強調和追求經濟發展成果向更重視可持續發展轉變，是形成系統的科學發展觀的過渡過程。

我國的經濟體量有多大

2019 年，中國[1]的 GDP 達到 99.086 5 萬億元，接近 100 萬億元水平，人均 GDP 按年平均匯率折算達到 10 276 美元，首次突破 1 萬美元大關。按照世界銀行的可比測算，2018 年中國 GDP 為 13.6 萬億美元，居世界第二位，是美國的 66.2%、日本的 2.74 倍，已經超過除中國之外世界前十大經濟體 GDP 的 30%（見圖 1-1、圖 1-2、表 1-1）。中國 GDP 的迅速增長已經成為 40 多年來世界經濟發展和世界經濟格局中最重要的事件。

1　除特殊說明，相關數據不包括港澳台地區。

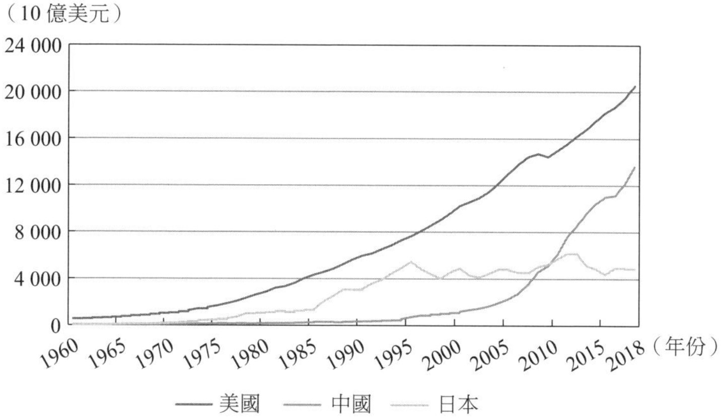

圖 1-1　1960—2018 年中美日 GDP 變化

數據來源：世界銀行，https://data.worldbank.org.cn/.

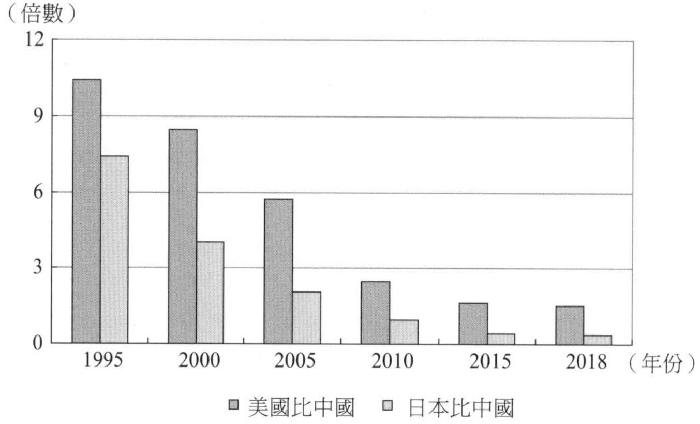

圖 1-2　中美日 GDP 相對體量變化

數據來源：世界銀行，作者測算。

表 1-1　2018 年世界及前十大經濟體 GDP 比較

位次	國家或地區	GDP（10 億美元）	中國佔比（%）
1	美國	20 544.34	66
2	中國	13 608.15	100
3	日本	4 971.32	274
4	德國	3 947.62	345
5	英國	2 855.30	477
6	法國	2 777.54	490
7	印度	2 718.73	501
8	意大利	2 083.86	653
9	巴西	1 885.48	722
10	加拿大	1 713.34	794
	世界	85 930.75	16

數據來源：世界銀行，https://data.worldbank.org.cn.

我國的經濟增長有多快

經濟增長的速度反映着一個國家或地區經濟發展的總體狀況，持續穩定的經濟增長反映着一個國家或地區的經濟發展質量。1995 年以來，所有年均 GDP 增長 6% 以上的國家（見圖 1-3）中，中國保持了最為穩定的高增長。在 21 世紀頭 10 年裏，中國增速一度連續 5 年超過 10%，即便在 2008 年開始的國際金融危機的衝擊下，在世界主要經濟體經濟大幅波動的背景下，中國依舊保持了穩定的高增長，成為抵禦這次全球性金融危機的「中流砥柱」。在中國經濟進入以中高速增長為特徵的新常態後，中國的 GDP 增速依然處於世界前列。部分國家 1995—2018 年 GDP 增長率平均水平比較見表 1-2。

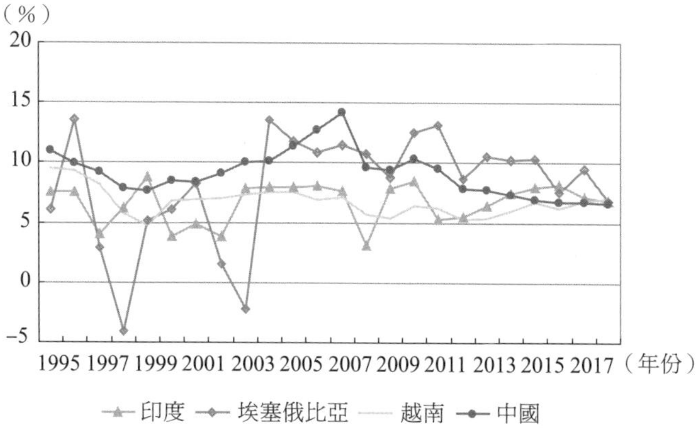

圖 1-3　高增長國家的 GDP 增長率變化

數據來源：UNCTAD, https://unctadstat.unctad.org.

表 1-2　部分國家 1995—2018 年 GDP 增長率平均水平比較

（%）

國　家	增長率平均水平	國　家	增長率平均水平
卡塔爾	10.58	美國	2.51
中國	9.47	英國	2.25
埃塞俄比亞	8.10	法國	1.66
印度	6.57	德國	1.36
越南	6.76	日本	0.95
印度尼西亞	4.47	俄羅斯	2.96
智利	4.41	巴西	2.70

説明：這裏採用可比價格年增長速度的簡單平均，僅做比較參考。

數據來源：作者根據 UNCTAD 提供的數據測算整理。

正是因為如此，中國經濟增長之謎越來越引起世界各國的關注，中國制度、中國道路和中國發展經驗也成為世界各國學者研究的重要課題，各種探索和研究中國經濟增長的成果層出不窮。

| 小貼士 |

中國道路

中國道路即中國特色社會主義道路。

習近平總書記在《緊緊圍繞堅持和發展中國特色社會主義學習宣傳貫徹黨的十八大精神》中強調：「中國特色社會主義道路，是實現我國社會主義現代化的必由之路，是創造人民美好生活的必由之路。中國特色社會主義道路，既堅持以經濟建設為中心，又全面推進經濟建設、政治建設、文化建設、社會建設、生態文明建設以及其他各方面建設；既堅持四項基本原則，又堅持改革開放；既不斷解放和發展社會生產力，又逐步實現全體人民共同富裕、促進人的全面發展。」

為什麼強調經濟增速

中國改革開放的總設計師鄧小平在 20 世紀 70 年代末提出我國現代化發展的「三步走」戰略，第一步即 1981 年至 1990 年，國民生產總值（Gross National Products，GNP）翻一番，解決溫飽問題；第二步，2000 年比 1990 年再翻一番，居民生活小康；第三步，到 2050 年，人均 GNP 達到中等發達國家水平，人民生活富裕。

1997 年，中國共產黨第十五次全國代表大會的報告中確定了「新三步走」戰略，即 21 世紀第一個 10 年實現國民生產總值比 2000 年翻一番，使人民的小康生活更加寬裕，形成比較完善的社會主義市場經濟體制；再經過10年的努力，到建黨100年時，使國民經濟更加發展，各項制度更加完善；到21世紀中葉中華人民共和國成立100年時，基本實現現代化，建成富強民主文明的社會主義國家。

2002年，中國共產黨第十六次全國代表大會的報告中提出，GDP到2020年力爭比2000年翻兩番，綜合國力和國際競爭力明顯增強。這一目標至2018年已超額完成（見表1-3）。

表1-3　部分國家2000—2018年GDP翻番狀況

國　家	倍　數	國　家	倍　數
中國	4.83	美國	1.42
埃塞俄比亞	4.77	英國	1.37
卡塔爾	4.75	法國	1.25
印度	3.25	德國	1.26
越南	3.12	日本	1.16
印度尼西亞	2.41	俄羅斯	1.81
智利	1.94	巴西	1.49

説明：這裏採用幾何平均法計算。
數據來源：UNCTAD，作者測算。

黨的十八大以後，習近平總書記提出了實現中華民族偉大復興中國夢的奮鬥目標：到2020年全面建成小康社會；到21世紀中葉建成富強民主文明和諧的社會主義現代化國家，實現中華民族偉大復興的中國夢。在這個發展過程中，提出了創新、協調、綠色、開放、共享的新發展理念。

| 小貼士 |

GDP 和 GNP

不同發展階段，我們對經濟增長採用了兩個不同的測量指標，GDP 是按照地理區域屬性進行統計的，GNP 則是按照生產者的國民屬性進行統計的，二者在實踐中略有差異，關係如下：

GNP = GDP ＋ 外國人在本國創造的財富 － 本國人在外國創造的財富

| 小貼士 |

中國夢

習近平總書記在參觀《復興之路》展覽時指出：「實現中華民族偉大復興，就是中華民族近代以來最偉大的夢想。」

2013 年 5 月，在接受拉美三國媒體聯合書面採訪時，習近平主席進一步明確：「在新的歷史時期，中國夢的本質是國家富強、民族振興、人民幸福。我們的奮鬥目標是，到 2020 年國內生產總值和城鄉居民人均收入在 2010 年基礎上翻一番，全面建成小康社會；到本世紀中葉，建成富強民主文明和諧的社會主義現代化國家，實現中華民族偉大復興的中國夢。」

我國人均 GDP 水平如何

黨的十七大提出，鞏固和發展已經初步達到的小康水平，到建黨 100 年時，建成惠及十幾億人口的更高水平的小康社會；到人民共和國成立 100 年時，人均國內生產總值達到中等發達國家水平，基本實現現代化。在這裏，報告提出了「人均國內生產總值」的要求，意義深遠。

地大物博、人口眾多是我國的真實國情。只講地大物博，而不講人口眾多，說明只是看到了經濟發展的潛力與可能，而沒有看到經濟發展的問題與困難。只講人口眾多，而不講地大物博，說明只是看到了經濟發展的問題與困難，而沒有看到經濟發展的潛力與可能。更何況人口眾多在更廣泛的意義上講，也是經濟發展的動力和潛力。

在 GDP 快速增長的同時，我國的人均 GDP 儘管也保持了穩定的高增長（見圖 1-4），但人均 GDP 水平仍處於全球第 80 名左右的位置，不僅與發達國家相比存在很大差距，而且與部分轉型國家和拉美國家相比也有不小的差距（見圖 1-5）。看不到這種人均 GDP 差距，我們就會缺乏發展的熱情和科學的態度；看不到中國人均 GDP 快速增長，我們也會缺乏發展的動力和凝聚人心的力量。

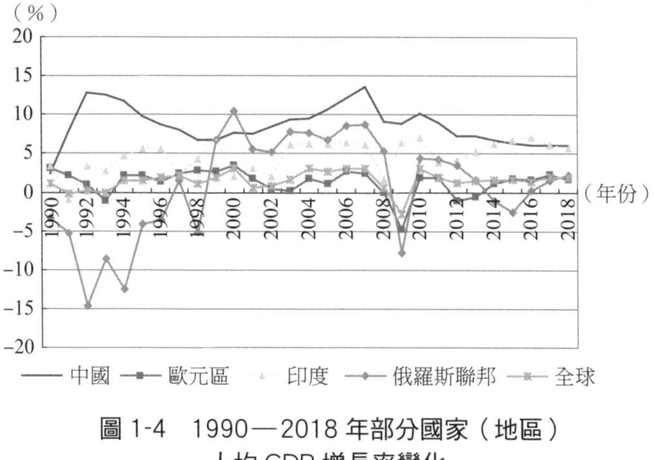

圖 1-4　1990—2018 年部分國家（地區）人均 GDP 增長率變化

數據來源：世界銀行，https://data.worldbank.org.cn.

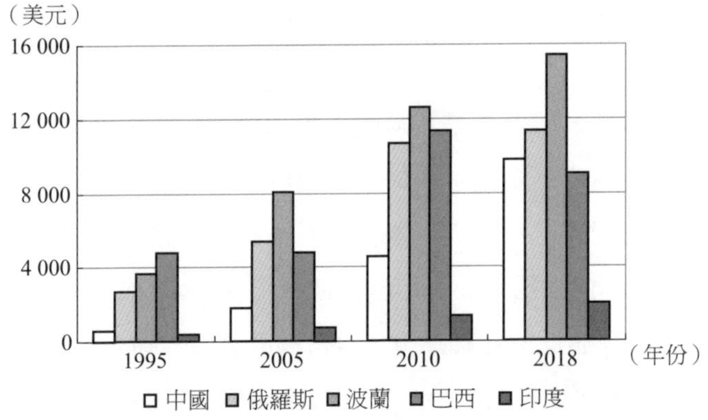

圖 1-5　1995—2018 年我國與部分國家人均 GDP 比較

數據來源：世界銀行，https://data.worldbank.org.cn.

GDP 告訴了我們什麼

GDP 是生產的「終點」，又是分配的「起點」。從支出法角度看，GDP 的去向可分為投資、消費和淨出口三大部分。

長期以來，我國居民消費和政府消費（公共服務）比例均偏低，而投資比例較高，是典型的「建設型」國家，這與我們選擇的迅速改變中國貧困落後面貌的發展道路緊密相關。同期，世界其他國家發展道路也各有特點，例如美國是典型的「消費型」國家，俄羅斯是典型的（出口）「資源型」國家，瑞典則是典型的（政府）「福利型」國家，這體現在它們的 GDP 結構變化情況中（見表 1-4）。

2000 年，我國與部分國家 GDP 相比，呈如圖 1-6 所示的結構：

2018 年我國與部分國家 GDP 結構比較，固定資本形成的佔比明顯高於其他國家，貿易差額佔比也最小（見圖 1-7）。

表 1-4　部分國家 GDP 結構變化情況（%）

國家	2000				2018			
	居民消費	政府消費	固定資本形成	貿易差額	居民消費	政府消費	固定資本形成	貿易差額
中國	46.2	15.8	34.1	2.0	38.5	16.5	42.8	0.2
印度	69.9	13.8	26.6	-2.1	59.5	11.2	28.9	-2.5
巴西	63.0	19.2	16.8	-0.6	64.3	19.7	15.8	-0.8
日本	55.1	16.9	25.2	2.1	54.2	19.8	24.2	3.5
俄羅斯	46.2	15.1	16.9	23.5	52.1	17.7	21.7	7.1
美國	68.7	14.4	20.2	-4.9	68.1	13.9	20.9	-2.3
瑞典	48.7	26.0	17.3	5.8	44.1	26.1	25.4	2.0

説明：以上結構缺少「存貨變動」，但能基本反映 GDP 結構。

數據來源：IMD, World competitiveness yearbook, 2001, 2019.

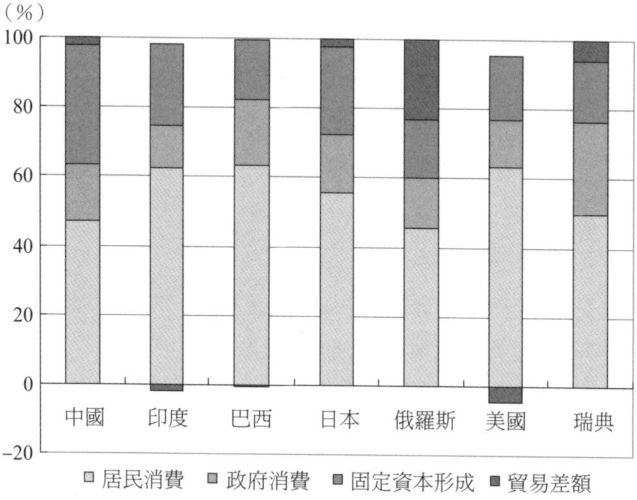

圖 1-6　2000 年我國與部分國家 GDP 結構比較

説明：負向的貿易差額比例表明當年該國是淨進口，即進口品多於出口品。

數據來源：IMD, World competitiveness yearbook, 2001.

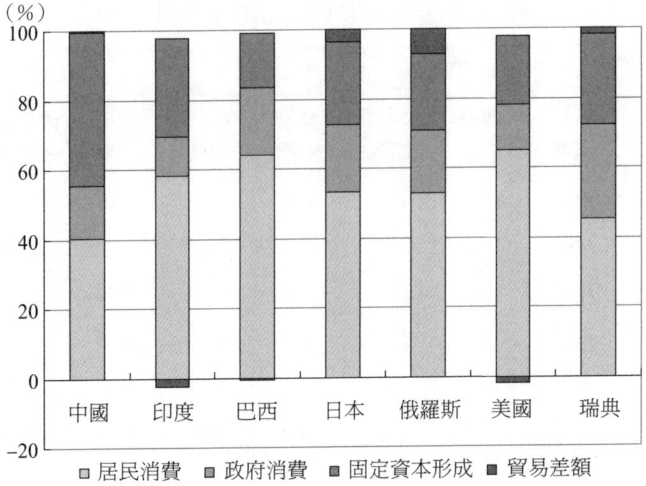

圖 1-7　2018 年我國與部分國家 GDP 結構比較

說明：負向的貿易差額比例表明當年該國是淨進口，即進口品多於出口品。
數據來源：IMD, World competitiveness yearbook, 2019.

| 小貼士 |

GDP 的計算方法

GDP 共有三種計算方法，即生產法、收入法和支出法，理論上計算結果應相等，但由於統計誤差的存在，任何國家用不同方法計算的結果均不會完全相等。

生產法：按照產業分類，從企業到產業逐一匯總。

GDP =（農業 + 工業 + 服務業）總產出 - 中間投入

收入法：按照參與生產的各要素所得逐一匯總。

GDP = 勞動者報酬 + 生產稅淨額 + 固定資產折舊 + 營業盈餘

支出法：按照最終產品的去向逐一匯總。

GDP =（居民 + 政府）消費 + 投資（固定資本形成 - 存貨變動）+（出口 - 進口）

GDP 為什麼一定要增長

GDP 是從最終產品角度看當年發生經濟活動流量的概念。如果這一流量保持不變，分配結構、通貨膨脹和人口數量穩定，那麼 GDP 即使不增長或低增長，也不會太大地影響居民福利水平，這正是德國、日本等國目前的情況：儘管人均 GDP 增長率不高，但它們仍長期穩定居於全球人類發展指數（Human Development Indictor，HDI）最高的國家行列（見表 1-5）。

表 1-5　世界主要國家人均 GDP 和人類發展指數變化情況

國　家	人均 GDP（美元）		人類發展指數	
	2000	2018	2000	2019
德國	23 636	47 616	0.925	0.939
美國	36 335	62 887	0.939	0.920
日本	38 532	39 290	0.933	0.915
巴西	3 750	9 001	0.757	0.761
中國	959	9 771	0.726	0.758
印度	374	2 010	0.577	0.647

數據來源：世界銀行，https://data.worldbank.org.cn；UNDP. http://hdr.undp.org.

從發展角度看，提供更多用於消費和分配的產品、提升居民福利，只有通過 GDP 或人均 GDP 的持續增長方能實現。這正是轉型國家和發展中國家縮小與發達國家差距、提升居民福利的核心訴求。

我國人均 GDP 增速較快，特別是近 20 年來增速明顯，成為了衡量中國經濟成功發展的重要指標。但由於我國人均 GDP 起點低，因此目前與發達國家的差距還十分明顯，保持合理增長速度對滿足人民需要、提升社會福利至關重要。

我國的區域差距有多大

「幅員遼闊，地形複雜，資源稟賦差異大」是我國區域的基本特點，這就決定了我國區域發展將長期呈現較大差距，縮小區域差距也將是一個複雜、耗時的工程。2019 年，我國北京市的人均 GDP 達到 16.422 萬元，約是全國人均 GDP 水平的 2.32 倍，也是人均 GDP 最低省份（甘肅省）的 4.98 倍。經濟相對欠發達地區人均 GDP 明顯偏低（見表 1-6）。

表 1-6　2019 年我國部分省市 GDP 和人均 GDP 發展水平

	GDP（億元）	人均 GDP（元）
北京市	35 371	164 220
江蘇省	99 632	123 607
浙江省	62 352	107 624
廣東省	107 671	94 172
陝西省	25 793	66 649
雲南省	23 224	47 944
貴州省	16 769	46 433
甘肅省	8 718	32 976
中國	990 865	70 892

數據來源：國家統計局，data.stats.gov.cn.

縮小地區經濟發展差距，縮小不同地區人均 GDP 差距，是中國政府未來工作的重點。習近平總書記強調：「沒有農村的小康，特別是沒有貧困地區的小康，就沒有全面建成小康社會。」[1]「我們到時候不能一邊宣佈全面建成了小康社會，另一邊還有幾千萬人口的生活水平處在扶貧標準線以下，這既影響人民群眾對全面建成小康社會的滿意度，也影響國際社會對我國全面建成小康社會的認可度。」[2]

我們的增長有效率嗎

勞動生產率反映着一個國家或地區的經濟效率，是一個國家或地區經濟是否具有未來增長性的指標。改革開放以來特別是近 20 多年來，我國的勞動生產率保持了全球最快和最為穩定的增速。據國家統計局數據，1996—2015 年的 20 年間，我國單位勞動產出（全員勞動生產率）大幅提高，年均增速為 8.6%，大大高於 1.3% 的同期世界平均水平，也高於美國 1.6% 的增速。1995 年，我國單位勞動產出為 1 106 美元（PPP 美元價格），到 2018 年這一數據已提高到 32 848 美元，是 1995 年的 29.7 倍。當然，從絕對水平來看我國與發達國家還有不小的差距。近年來，相比於我國與發達國家的 GDP 差距，在勞動生產率上，我們與發達國家的差距仍較大，甚至一些發展中國家在生產率上也超過了我們（見表 1-7）。提高勞動生產率是我國經濟發展必須要解決好的重大問題。

1　習近平．習近平談治國理政．北京：外文出版社，2014：189.

2　中共中央宣傳部．習近平總書記系列重要講話讀本（2016 年版）．北京：學習出版社，2016：60.

表 1-7　2018 年部分國家勞動生產率水平比較（PPP 美元）

國　家	全員勞動生產率	工　業	服務業
愛爾蘭	149 707	343 380	134 662
挪威	136 315	227 516	116 712
美國	126 979	137 892	125 677
法國	102 188	102 305	108 427
德國	97 634	118 230	99 261
日本	80 571	99 966	79 977
波蘭	71 218	71 815	84 264
俄羅斯	58 409	68 853	51 726
哈薩克斯坦	57 357	99 682	54 646
南非	42 743	68 669	42 370
中國	32 848	43 035	34 314
巴西	32 007	40 011	36 848
印度尼西亞	28 057	52 412	27 761

數據來源：IMD, World competitiveness yearbook, 2019.

2018 年，部分國家人均每小時 GDP 水平如圖 1-8 所示。

面對存在的差距，我們也應該看到，我國雖然單位勞動產出水平較低，但是增速較快。這反映出我國經濟較有活力，未來增長潛力較大。提高勞動生產率，調整經濟結構，加大科技投入和科技創新，加快經濟增長方式的轉變，是我國經濟發展的必由之路。

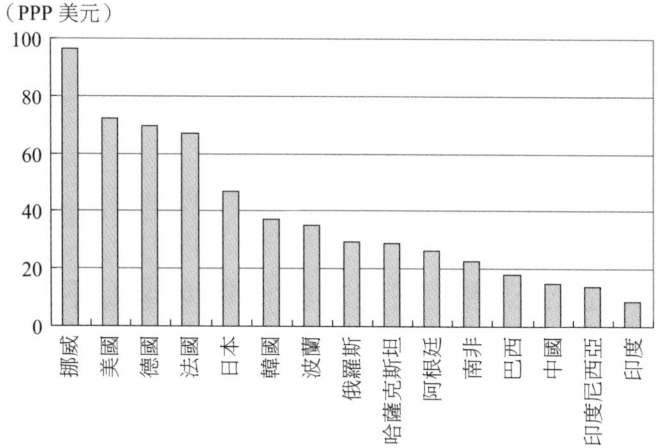

圖 1-8　2018 年部分國家人均每小時 GDP 水平

數據來源：IMD, World competitiveness yearbook, 2019.

| 小貼士 |

勞動生產率

勞動生產率指勞動者在一定時期內創造的價值增值與其勞動消耗量的比值。勞動生產率有不同的算法和理解。

對於全社會來說，可計算全員勞動生產率，即勞動力平均創造的 GDP 水平。對於一個行業來說，也可以用行業的價值增值（如工業增加值）除以本行業的就業人數獲得行業的勞動生產率。

| 小貼士 |

購買力平價（Purchasing Power Parity，PPP）

PPP 以美元為基礎，是根據各國類似商品的不同價格水平計算出來的貨幣之間的比值係數；又可以理解為相同商品需要的等值貨幣量，進而換算出和美元的比價。

PPP 和匯率法計算價格是最為常用的兩種不同國家或地區比較價格水平的方法。與匯率比價比較，PPP 價格顯示發達國家的貨幣價值被拉低，發展中國家的貨幣價值則被抬高。

我國經濟增長的成本和代價必須降下來

任何經濟增長都要付出成本和代價。提高經濟效益，就必須把影響經濟發展的能耗、水耗、碳排放和污染降下來。經濟增長的成本與代價可以從下列指標中看出：

1. 單位 GDP 能耗

單位 GDP 能耗是反映能源消費水平和節能降耗狀況的主要指標，一次能源供應總量與 GDP 的比率，是一個能源利用效率指標。由於我國工業化進程不斷加快，經濟發展和產業結構不均衡，我國的單位 GDP 能耗和瑞士、丹麥等發達國家差距很大，甚至部分發展中國家單位 GDP 能耗都遠低於我國單位 GDP 能耗（見圖 1-9）。

2. 單位 GDP 耗水量

中國是一個缺乏水資源的國家，淡水資源總量為 2.8 萬億立方米，居世界第 6 位，人均佔有量為 2 240 立方米，約為世界人均的 1/4，居世界第 109 位。2016 年，中國的單位 GDP 耗水量同樣遠遠高於盧森堡、丹麥等歐洲發達國家，與不少發展中國家，如馬來西亞、巴西等相比，也是相對較高的（見圖 1-10）。

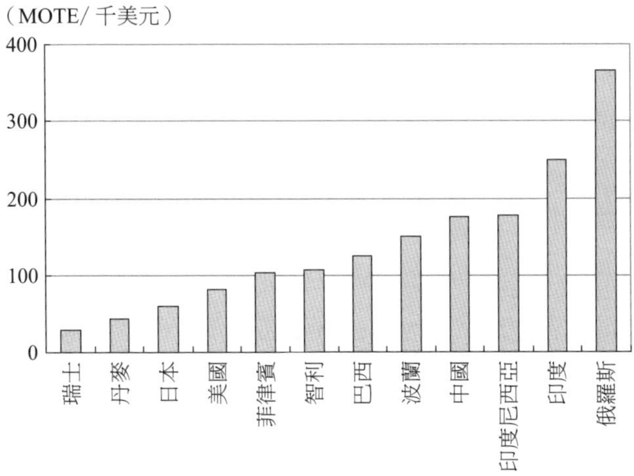

圖 1-9　2019 年部分國家單位 GDP 能耗比較

數據來源：IMD, World competitiveness yearbook, 2019.

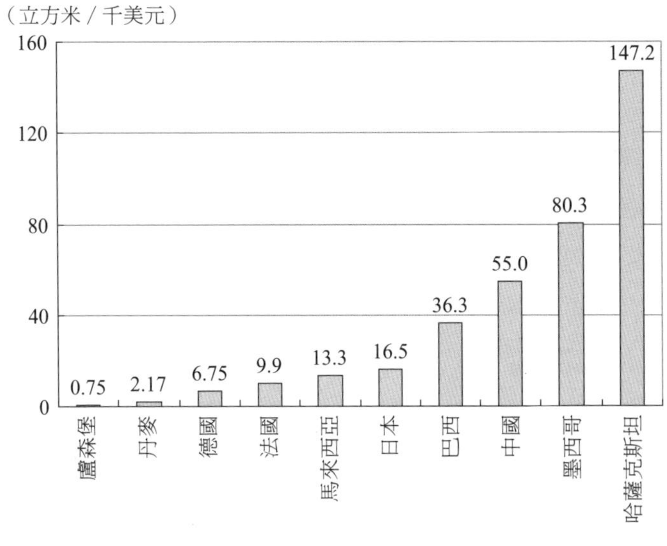

圖 1-10　2016 年部分國家單位 GDP 耗水量比較

數據來源：IMD, World competitiveness yearbook, 2019.

節約用水、降低水耗對於中國人均水資源量嚴重不均衡的狀況來說，具有更為重要的意義。目前，有16個省（區、市）人均水資源量低於嚴重缺水線，有6個省（區）人均水資源量低於500立方米。

3. 單位GDP二氧化碳排放量

人類進行生產活動必然會產生碳排放。大量科學研究表明，碳排放的增加是導致全球氣候變暖的重要因素，往往也會誘發極端惡劣天氣和其他自然災害。

降低碳排放已經成為世界各個國家的共同呼聲。自2000年開始，各發展中國家，包括中國、印度、印度尼西亞、俄羅斯的單位GDP二氧化碳排放量都實現了較大幅度的下降。到2013年，巴西的單位GDP二氧化碳排放量已經基本與發達國家持平，但由於歷史原因和發展階段不同，以及產業結構的差異，總體來看，發展中國家的單位GDP二氧化碳排放量仍普遍高於發達國家（見圖1-11）。

針對有關碳排放問題的爭論，中國的主張是：第一，全球氣候變化是人類面臨的共同挑戰，無論是發達國家還是發展中國家，都有責任和義務，從本國國情出發，切實採取行動調整經濟結構，朝着減少碳排放的目標前進。第二，考慮到歷史排放量、經濟發展階段和技術水平等多種因素，發達國家理應在減排問題上承擔更大責任。

4. 污染問題對經濟增長的負面影響

污染主要是環境污染，是影響人類生存與發展的破壞活動。污染通常是指由於自然的或人為的因素，向環境中添加了某種物質，使其量超過了環境的自淨能力和承載能力而產生生態環境破壞結果的行

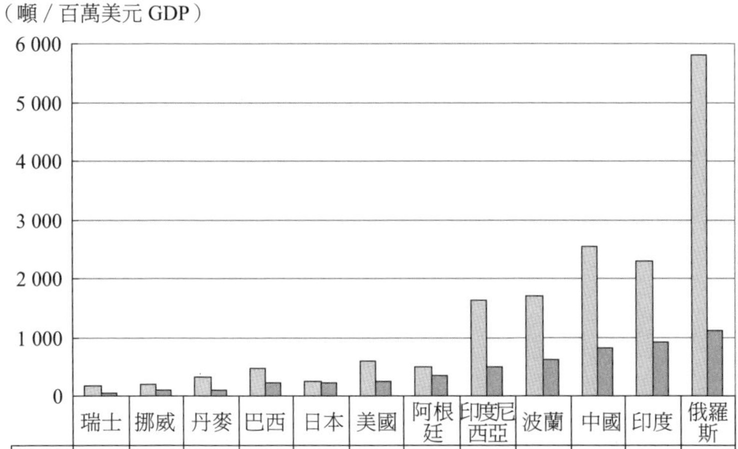

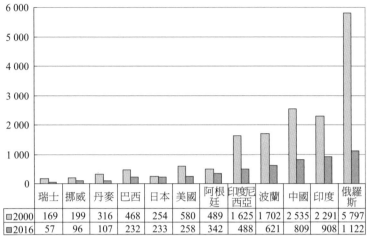

	瑞士	挪威	丹麥	巴西	日本	美國	阿根廷	印度尼西亞	波蘭	中國	印度	俄羅斯
2000	169	199	316	468	254	580	489	1 625	1 702	2 535	2 291	5 797
2016	57	96	107	232	233	258	342	488	621	809	908	1 122

圖 1-11　2000 年和 2016 年部分國家單位 GDP 二氧化碳排放量比較

數據來源：IMD, World competitiveness yearbook, 2003, 2019.

為。根據環境要素、污染物性質、人類活動方式等，污染可分為若干種。目前，大氣污染、水體污染和土壤污染對生態環境與人類的危害最大。

從 2000—2019 年，絕大多數國家的環境污染問題評估得分都得到了提升，表明環境污染對其經濟增長的負面影響在逐漸減弱；而中國的得分從 2000 年的 6.13 下降到了 2019 年的 3.74（見圖 1-12）。環境污染問題不僅對人們的生活健康造成了影響，也大大制約了我國的經濟發展，尋求經濟的可持續發展仍須從解決環境問題入手。

黨和國家提出，要守住環境保護的底線，強化水、土壤污染治理，堅決打好藍天保衛戰。習近平總書記指出我們「既要金山銀山，

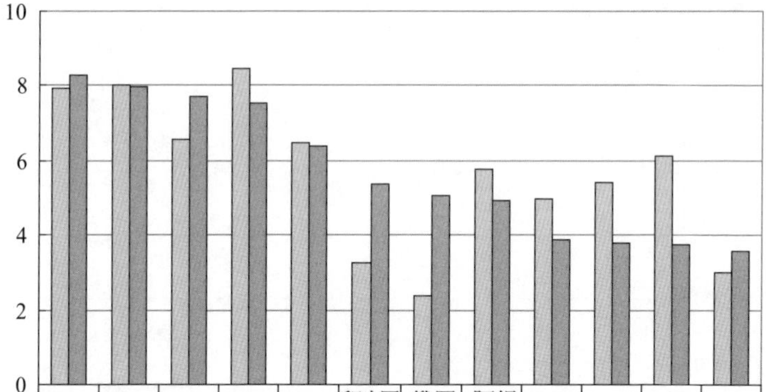

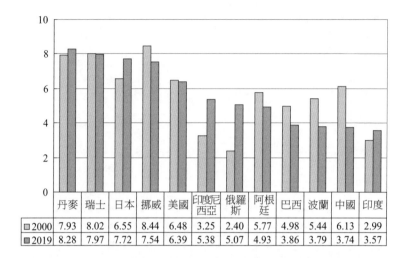

	丹麥	瑞士	日本	挪威	美國	印度尼西亞	俄羅斯	阿根廷	巴西	波蘭	中國	印度
2000	7.93	8.02	6.55	8.44	6.48	3.25	2.40	5.77	4.98	5.44	6.13	2.99
2019	8.28	7.97	7.72	7.54	6.39	5.38	5.07	4.93	3.86	3.79	3.74	3.57

圖 1-12　2000 年和 2019 年部分國家的環境污染問題評估得分

數據來源：IMD, World competitiveness yearbook, 2000, 2019.

又要綠水青山」[1]。「要正確處理好經濟發展同生態環境保護的關係，牢固樹立保護生態環境就是保護生產力、改善生態環境就是發展生產力的理念」[2]，良好生態環境是最公平的公共產品，是最普惠的民生福祉。

1　習近平 . 習近平談治國理政 . 北京：外文出版社，2014：434.

2　同上，209.

收入分配

你的收入提高了多少

chapter 2

2

收入水平

一般來說，收入水平反映一個國家或地區居民的生活水平。改革開放以來，我國城鄉居民收入水平大幅提高，特別是 21 世紀以來城鄉居民收入提高速度進一步加快。2019 年，我國全年人均可支配收入 30 733 元，其中城鎮居民 42 359 元，農村居民 16 021 元。從 2019 年的各省（區、市）數據看，所有省區市居民人均可支配收入已超過 3 萬元，其中北京、上海超過 7.3 萬元（見表 2-1）。從全國來看，人均可支配收入保持了多年高增長的趨勢。

表 2-1　2019 年各省（區、市）城鎮居民人均可支配收入（元）

地　區	人均可支配收入	地　區	人均可支配收入
北京	73 848.51	雲南	36 237.68
上海	73 615.32	四川	36 153.73
浙江	60 182.29	陝西	36 098.21
江蘇	51 056.11	海南	36 016.70
廣東	48 117.55	河北	35 737.68
天津	46 118.89	廣西	34 744.87
福建	45 620.46	新疆	34 663.73
山東	42 329.23	貴州	34 404.17
內蒙古	40 782.46	寧夏	34 328.45
湖南	39 841.93	河南	34 200.97
遼寧	39 777.20	青海	33 830.33

（續表）

地　區	人均可支配收入	地　區	人均可支配收入
重慶	37 938.59	山西	33 262.37
湖北	37 601.36	甘肅	32 323.45
安徽	37 540.04	吉林	32 299.18
西藏	37 409.97	黑龍江	30 944.62
江西	36 545.90		

數據來源：國家統計局，data.stats.gov.cn.

分配比例——平衡好兩個錢袋子

我們的政府是人民的政府，正確處理好發展和人民福祉提高之間的關係至關重要。而財政是國家治理的基礎和重要支柱，必須平衡好兩個錢袋子：一個是國家的錢袋子，一個是老百姓的錢袋子。

2019 年我國財政收入為 19.04 萬億元，比上年增長 3.8%。1995—2014 年，財政收入增速長期高於 GDP 增速，甚至出現多個年份高於 20% 的增長速度（見圖 2-1）。

如此高的財政收入總量和增速是否意味着老百姓「一口飯有半口繳了稅」呢？事實上，財政收入的很大一部分將投入民生相關消費中，以提升全社會福利。我國全社會福利水平大幅度提高，文化、教育等領域的國家投入持續增長。從人均視角看，我國的人均財政負擔儘管增速較快，但財政水平遠低於世界主要國家。表 2-2 呈現了 2000—2018 年部分國家中央政府財政收入佔 GDP 的比重。

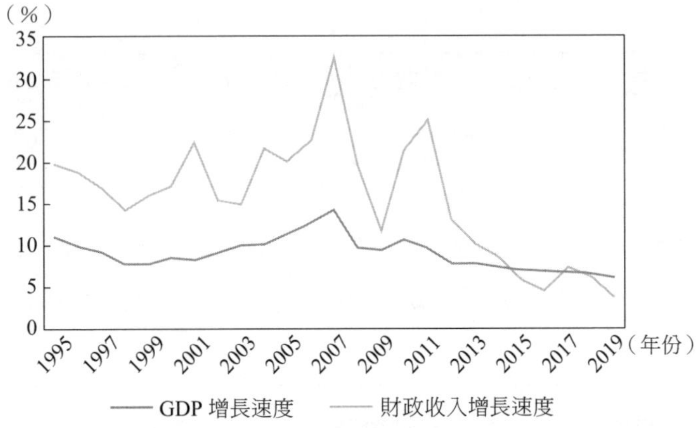

圖 2-1　1995—2019 年我國 GDP 和財政收入增長情況

説明：2007 年開始財政收支口徑更改，主要調整了支出口徑。

數據來源：國家統計局，data.stats.gov.cn.

表 2-2　2000—2018 年部分國家中央政府財政收入佔 GDP 比重（%）

國家	2000	2005	2010	2015	2018*
中國	7.1	9.6	11.2	16.1	16.1
印度	11.7	12.3	13.2	12.4	12.9
日本	11.5	11.4	9.9	12.6	13.1
法國	42.8	42.1	42.9	44.3	44.4
德國	29.9	28.1	28.0	28.4	29.1
美國	20.6	17.9	16.5	19.1	17.2
英國	33.8	34.8	34.4	34.4	35.4
全球	24.4	22.6	22.4	23.7	24.7

* 不包括捐贈收入，中國、印度為 2017 年數據。

數據來源：世界銀行，https://data.worldbank.org.cn.

習近平總書記提出堅持以人民為中心的發展思想，指出它「不是一個抽象的、玄奧的概念，不能只停留在口頭上、止步於思想環節，而要體現在經濟社會發展各個環節」[1]。國家的錢袋子、老百姓的錢袋子，都是人民的錢袋子，歸根到底都是為人民利益服務的錢袋子。

我們的稅負重嗎

納稅人的「稅感」或「痛苦感」不僅取決於稅負水平的高低，更取決於稅收是否「還之於民」。一段時間以來，中國稅負偏高的聲音較多。導致認為我國稅負高「痛苦感」的原因是多方面的，既有稅收過快增長的影響，又與稅負支出透明度較低等因素有關。

就中國企業稅負是不是很高的問題，有兩種不同的評價：一種認為中國企業稅負不高，企業上繳的各種稅項加起來也比發達國家低；一種認為中國企業稅負較重，各種稅費相加已經成為企業發展的沉重負擔。導致認為中國企業稅負高的一個因素是企業非稅負擔過重，制度性交易成本高，各項名目的「費」使企業經營成本抬高。

目前中國政府正在積極推進和完善營業稅改增值稅工作，試點範圍不斷擴大。營改增的一個重要目標就是確保所有行業的稅負只減不增，規範稅收體制和稅種稅負，清理各種不合理收費項目，切實減輕企業負擔。

從國際比較的視角來看，歐洲尤其是北歐各國是典型的高稅負高福利國家，發展中國家往往稅負水平和福利水平均較低，我國總稅負水平和福利水平仍處於發展中國家水平（見圖 2-2）。

1　習近平 . 在省部級主要領導幹部學習貫徹黨的十八屆五中全會精神專題研討會上的講話 . 北京：人民出版社，2016：24.

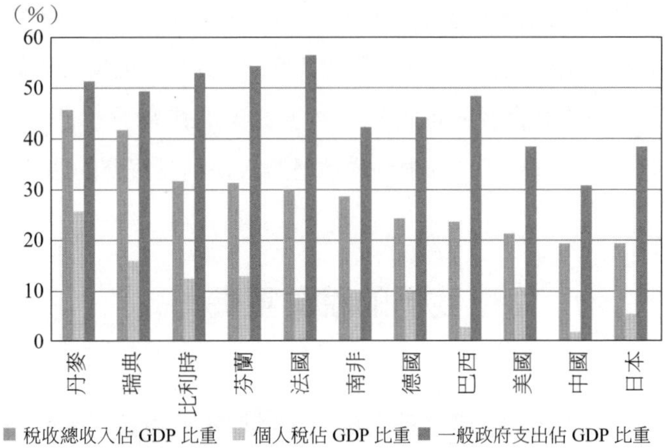

圖 2-2　2017 年部分國家稅收和支出佔 GDP 比重

數據來源：IMF，GFS 數據庫；IMF, Government finance statistics yearbook, 2019.

| 小貼士 |

我國稅種分類

按課稅對象分，我國稅種可分為以下五類：

流轉稅類：又稱流轉課稅、流通稅，我國稅制結構中的主體稅類，指以納稅人商品生產、流通環節的流轉額或者數量以及非商品交易的營業額為徵稅對象的一類稅收，包括增值稅、消費稅、營業稅 * 和關稅等。

所得稅類：又稱收益稅，我國稅制結構中的主體稅類，以各種所得額為課稅對象的一類稅，包括企業所得稅、個人所得稅等。

財產稅類：以納稅人所擁有或支配的財產為課稅對象，包括遺產稅、房產稅、契稅、車輛購置稅和車船稅等。

行為稅類：以納稅人的某些特定行為為課稅對象的一類稅，如城市維護建設稅、印花稅等。

資源稅類：是指對在我國境內從事資源開發的單位和個人徵收的一類稅，如資源稅、土地增值稅、耕地佔用稅和城鎮土地使用稅等。
*2017 年 10 月 30 日國務院廢除該稅種，改為增值稅課稅。

稅收去哪兒了

我國稅收的本質是「取之於民，用之於民」。運用稅收籌集財政收入，按照國家預算安排，有計劃地用於財政支出，為社會提供公共產品和公共服務，發展科學、技術、教育、文化、衞生、環境保護和社會保障等事業，改善人民生活，加強國防和公共安全，為國家的經濟發展、社會穩定和人民生活提供強大的物質保障。

從 2018 年國家財政支出的數據可以看到，稅收主要用於政府提供的各項公共服務，其中教育、社會保障和就業、城鄉社區事務的佔比均超過了 10%，表 2-3 顯示了 2018 年我國財政主要支出項目及其金額和比重。

表 2-3　2018 年我國財政主要支出項目及其金額和比重

項　目	金額（億元）	比重（%）
教育	32 169.47	14.56
社會保障和就業	27 012.09	12.23
城鄉社區事務	22 124.13	10.02
農林水事務	21 085.59	9.55
一般公共服務	18 374.69	8.32
醫療衞生與計劃生育	15 623.55	7.07
公共安全	13 781.48	6.24

（續表）

項　目	金額（億元）	比重（%）
交通運輸	11 282.76	5.11
國防支出	11 280.46	5.11
科學技術	8 326.65	3.77
債務付息	7 402.72	3.35
住房保障	6 806.37	3.08
節能環保	6 297.61	2.85
資源勘探信息等	5 076.42	2.30
文化體育與傳媒	3 537.86	1.60
國土海洋氣象等	2 273.58	1.03
糧油物資儲備	2 060.75	0.93
商業服務業等	1 606.96	0.73
金融	1 379.62	0.62
外交	586.36	0.27
援助其他地區	442.16	0.20
債務發行費用	60.21	0.03
其他	2 312.64	1.05
合計	220 904.13	100.00

數據來源：2019 年《中國統計年鑒》。

貧富差距有多大

對於任何一個國家來說，在經濟發展過程中不斷縮小貧富差距都是一項艱巨的工作。許多國家短暫的經濟發展成就也往往會因為貧富差距的拉大而大打折扣，甚至會被這種差距帶來的社會動盪抵消殆盡。

1949 年以前的中國積貧積弱，廣大中國人民生活水平低下。1949 年新中國成立，人民政府全力推動國家工業化和人民生活水平提高，取得了偉大的成就。但是在計劃經濟體制下，平均主義盛行，貧富分化不是很突出，當時的基尼係數不到 0.2。

改革開放以來，為了解放和發展生產力，調動廣大勞動者的積極性，中國採取了允許一部分人、一部分地區先富起來的政策，希望通過先富幫後富、逐步實現共同富裕的途徑，實現全體人民收入水平的提升。各地區經濟發展本來就不平衡，加上這一政策實施的結果，就使得我國貧富差距被不斷擴大。從基尼係數角度看，我國從平均主義「吃大鍋飯」，到基尼係數超過警戒線 0.4，用了 20 年左右的時間。連續十幾年的高基尼係數說明，在蛋糕不斷做大後，如何分蛋糕成了一件棘手的事。2008 年國際金融危機後，由於政府一系列的惠民措施以及城鎮化進程的加快，基尼係數從高點逐步回落，但仍高於 0.46，並於 2015 年後開始逐步回升（見圖 2-3）。

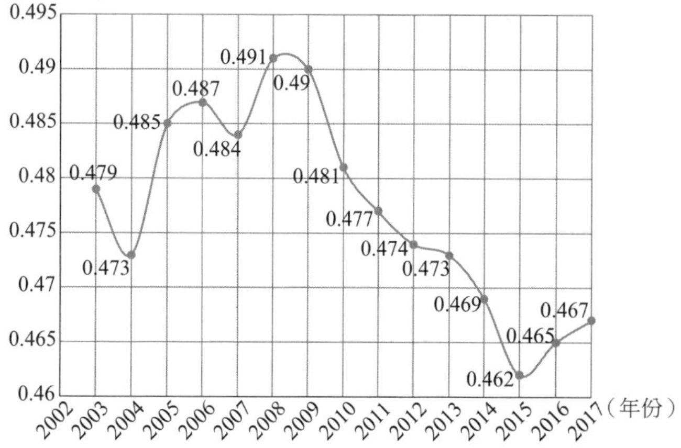

圖 2-3　2003—2017 年我國基尼係數變動情況

數據來源：國家統計局，data.stats.gov.cn.

從基尼係數的國際比較中可以看到，發展中國家基尼係數普遍趨高，歐洲、日本等發達地區基尼係數相對較低（見圖 2-4）。即便在發達國家內部，由於歷史文化和稅收制度不同，既有挪威等基尼係數很低、財富平均度很高的國家，也有美國等基尼係數相對較高、貧富差距較大的國家。

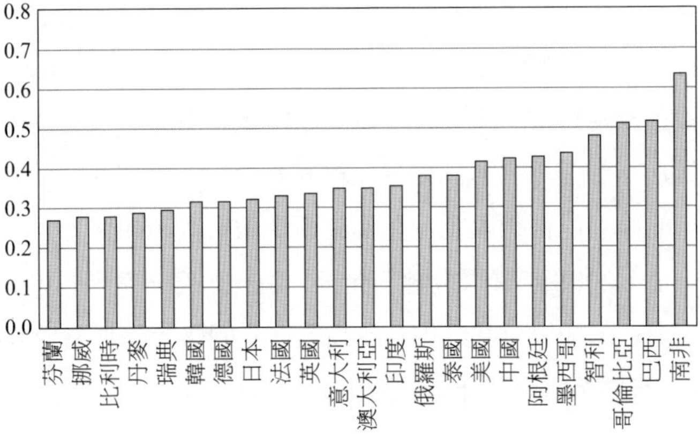

圖 2-4　2017 年世界主要國家基尼係數比較

說明：IMD 援引世界銀行測算結果，中國的數據比國家統計局測算結果偏低。

數據來源：IMD, World competitiveness yearbook, 2019.

| 小貼士 |

洛倫茲曲線與基尼係數

基尼係數，是 20 世紀初意大利經濟學家基尼根據洛倫茲曲線判斷收入分配公平程度的指標。國際上常用它來綜合考察國家（地區）收入分配差異狀況。

洛倫茲曲線是在一個以人口比例為橫坐標、財富或收入比例為縱坐標的坐標系中一條向右下方凸出的曲線。

設實際收入分配曲線（洛倫茲曲線）和收入分配絕對平等線之間的面積為 A，實際收入分配曲線右下方的面積為 B，則 $A/(A+B)$ 即表示不平等程度，這個數值就是基尼係數，其經濟含義為：在全部居民收入中，用於進行不平均分配的那部分收入佔總收入的百分比（見圖 2-4a）。

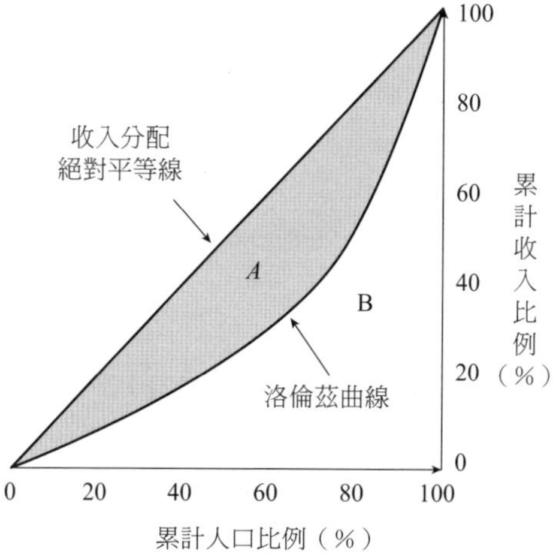

圖 2-4a

基尼係數在 0 和 1 之間波動，越接近 1 意味着收入分配越不平等，1 表示全部收入被一個單位的人全部佔有；越接近 0 就表明收入分配越平等，0 表示居民之間收入沒有任何差異。通常把 0.4 作為收入分配差距的「警戒線」，根據黃金分割律，「警戒線」的精確值應為 0.382（見表 1）。

在縱向和橫向比較基尼係數時須注意，同樣的基尼係數所反映的收入或財富的分佈不唯一，一個基尼係數未必對應一個確定的貧富差異程度。例如，將 120 元收入分配給 5 個人，一種方法是 12、12、32、32、32，另一種方法是 18、18、18、18、48，兩種分配方法對應的基尼係數均為 0.25，而對於哪種分配方法相對更加公平，不同的人觀點不同。

表 1　基尼係數表達的收入差距水平

基尼係數	收入差距
低於 0.2	收入平均
0.2～0.3	收入比較平均
0.3～0.4	收入相對平均
0.4～0.5	收入差距較大
0.5 以上	收入差距懸殊

高收入家庭的收入有多高

衡量一個國家收入分配是否存在問題的指標之一就是高收入家庭收入佔居民總收入的比例。如果全社會收入最高的 10% 家庭收入佔居民總收入的比例較低，則反映出這個社會的收入差距較小；反之，則反映出這個社會的收入差距較大。社會兩極分化必然導致社會矛盾加深、社會不穩定。習近平總書記高度重視社會不同階層收入分配問題，十分關注縮小貧富差距問題。他強調要擴大中等收入群體，指出這關係到全面建成小康社會目標的實現，是轉方式調結構的必然要求，是維護社會和諧穩定、國家長治久安的必然要求。

2011 年，「佔領華爾街」運動席捲全美，引發各界對貧富差距問題的再思考。顯然這並不僅僅是「美國問題」，社會兩極分化不僅動搖了美國人逐夢的信心，而且對於世界上許多國家來說，也是一個嚴峻的挑戰。

高速發展中的新興經濟體同樣普遍面臨貧富差距擴大問題，在表 2-4 中，巴西收入最高的 10% 家庭的收入佔居民總收入的比例超過 40%，俄羅斯、中國和印度均在 30% 左右。歐洲各國情況不一，英、法在 25% 左右，福利國家芬蘭、比利時的貧富差距則較小。

表 2-4　部分國家收入最高 10% 家庭收入佔居民總收入的比例（%）

國　家	佔　比	國　家	佔　比
巴西	40.50	俄羅斯	29.70
哥倫比亞	40.00	阿根廷	29.10
智利	38.00	南非	25.90
墨西哥	36.30	英國	25.40
土耳其	32.10	法國	24.70
中國	31.43	丹麥	23.40
美國	30.60	芬蘭	21.50
印度	29.77	比利時	20.70

說明：巴西、智利、俄羅斯和英國為 2015 年數據，南非和中國為 2012 年數據，印度為 2011 年數據，其餘則為 2016 年數據。

數據來源：IMD, World competitiveness yearbook, 2018, 2019.

| 小貼士 |

二八定律

意大利經濟學家、社會學家帕累托通過大量實證研究發現：社會上 20% 的人佔有 80% 的社會財富。

最初該定理只應用於經濟領域，後來人們發現這個世界上充滿了不平衡性，很多都能用該定理解釋，故逐漸被推廣至社會學、管理學等社會生活中的諸多領域。其大意是：在任何特定群體中，重要的因子通常只佔少數，不重要因子佔多數，故只要能控制具有重要性的少數因子即能控制全局。

比如，心理學有「20% 的人身上集中了人類 80% 的智慧」，管理學有「一個企業 80% 的利潤來自它 20% 的項目」，等等。

| 小貼士 |

「佔領華爾街」運動

2011 年 9 月 17 日，上千名示威者聚集在美國紐約曼哈頓，試圖佔領華爾街，示威組織者稱，他們的意圖是反對美國政治的權錢交易、兩黨政爭以及由此帶來的社會不公。

城鄉差距有多大

城鄉發展不平衡是世界性難題，並不是「中國特色問題」。從歷史發展的角度來看，城市的發展往往是伴隨着商品經濟的發展，各種經濟發展資源，包括人口、技術、資金等向城市聚集，城市率先發展起來，而鄉村則很少發展或發展不充分。從現實發展的角度來看，城市往往成為發展的核心區域，蘊藏着更多的發展機遇，擁有更高的勞動生產率和經濟效益，城市更加成為吸納發展資源的地方。長期來看，各國在工業化進程中均經歷過城鄉差距先擴大後縮小的過程。實現工農收入趨向平衡，美國花了近 70 年，而日本則花了近 100 年。

我國近 10 年城鄉收入比均高於 2.6：1，但自 2009 年以來，隨着農村居民人均可支配收入的提高，該比例連續 10 年持續下降，由 2009 年的 3.33：1 降至 2014 年的 2.75：1，2019 年更降至 2.64：1（見圖 2-5）。

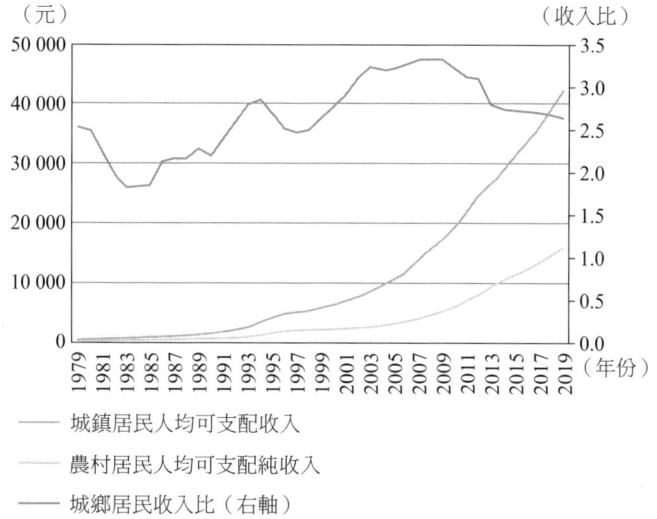

圖 2-5　1979—2019 年城鄉居民人均可支配收入及其差別

數據來源：國家統計局，http://www.stats.gov.cn.

當然，這個比例僅僅是收入的「賬面比值」，若考慮農民需將一部分收入用於第二年擴大再生產（如購買種子、農藥、化肥等），農民能真正用於消費的錢仍低於其收入。此外，城鎮居民收入中還有一部分並沒有納入統計範圍，如各類隱性福利以及教育、衞生等諸多方面的優惠等。因此，城鄉收入的「實際比值」應高於「賬面比值」。

導致我國城鄉收入差異的原因是多方面的。比如，從總體上講有農村區位劣勢、城鄉二元結構、剪刀差等。具體而言，包括農民經營性收入增長空間小，工資性收入增幅趨緩，轉移性收入挑戰較多，財產性收入增長潛力釋放不足，等等。

切實增加農民收入是縮小城鄉差距的根本途徑。為此，我國政府採取了多種途徑和方式增加農民收入，一是完善強農富農惠農政策，挖掘農業內部增收潛力。農業的發展離不開國家的支持和保護，要以現代農業的快速發展帶動農民收入的持續增加。二是強化就業創業扶持政策，拓寬農民增收渠道。推動廣大農民融入大眾創業、萬眾創新的活動之中，帶動農村一二三產業融合發展，激活各類資源要素，使農民從中受益。三是構建城鄉一體化發展長效機制，釋放農民增收新動能。通過農村土地制度、產權制度改革等制度創新，建立有利於農民增收的制度環境和內生機制；通過降低進城農民生活成本，使農民更好地融入城市生活；等等。

| 小貼士 |

剪刀差與城鄉二元結構

剪刀差是指工農業產品交換時，工業品價格高於價值、農產品價格低於價值時出現的差額。剪刀差也是發達國家在國際貿易中常用的一種重要交換手段。

城鄉二元經濟結構一般是指以社會化生產為主要特點的城市經濟和以小生產為主要特點的農村經濟並存的經濟結構。

在發展中國家由傳統農業經濟向現代工業經濟過渡的進程中，由於農村相對落後的生產生活方式與城市不斷進步的現代生產生活方式之間的衝突，會出現組織形式和社會存在形式上的不對稱，即所謂「城鄉二元結構」。

這種狀態既是發展中國家經濟結構存在的突出矛盾，也是國家相對貧困和落後的重要原因。發展中國家的現代化進程，可以説在很大程度上是要實現城鄉二元結構向現代經濟結構的轉變。

| 小貼士 |

工業化

工業化是國家或地區製造業和第二產業在國民經濟中的比重及其就業比重不斷上升的過程。歐洲主要國家自 18 世紀開始的工業革命推動了其經濟社會的快速發展，推動其由農業社會向現代工業社會轉變，由此，工業化被認為是實現現代化的重要過程。

我國提出了新型工業化的概念，即強調信息技術和工業化的互動，形成科技含量高、經濟效益好、資源消耗低、環境污染少、人力資源優勢得到充分發揮的工業化道路。

物價
過高過低都不好

chapter 3

3

讀懂 CPI

消費者價格指數（Consumer Price Index，CPI）是一個反映居民家庭一般購買的消費價格水平變動情況的宏觀經濟指標。它也是進行經濟分析和決策、價格總水平檢測和調控及國民經濟核算的重要指標。CPI 的變動率在一定程度上反映了通貨膨脹或者通貨緊縮的程度。

CPI 與一國的經濟發展水平、經濟發展階段和經濟發展政策有關。發達國家用 CPI 表示的通貨膨脹情況普遍較低，新興經濟體（如印度、俄羅斯、南非）CPI 普遍較高（見圖 3-1）。從經濟長期發展的角度來看，CPI 過高或者過低都不利於經濟發展。CPI 高，表明居民消費物價水平在抬高，即同樣的商品更貴了，或者說「錢不值錢了」；客觀來說，CPI 長期處於低位甚至負數，則一般反映經濟停滯的狀況，並不利於刺激經濟發展。

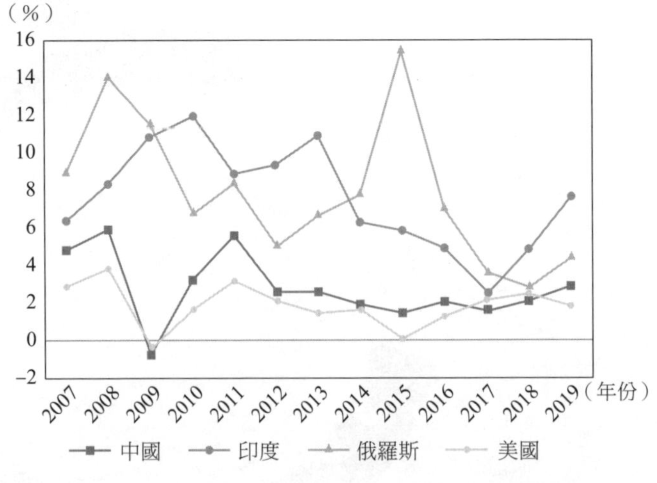

圖 3-1　2007—2019 年部分國家 CPI 變動情況

數據來源：世界銀行，https://data.worldbank.org.cn.

我國 CPI 涵蓋城鄉居民生活消費的食品、煙酒、衣着、家庭設備用品及維修服務、醫療保健和個人用品、交通和通信、娛樂教育文化用品及服務、居住等八大類 262 個基本分類的商品與服務價格。從縱向考察，我國 CPI 與 GDP 的走勢是基本相同的，當 GDP 增長迅速時，CPI 的增長也較高；當 GDP 增長放緩時，CPI 增幅也會收緊。從圖 3-1 中，我們可以發現，中國、印度總體是 GDP 增長較快的國家，CPI 也在較合理區間；俄羅斯 CPI 較高且波動幅度較大，對其 GDP 增長的負面影響較大；美國 CPI 長期居於較低水平，其 GDP 增長同樣長期比較低迷。

再看 PPP

購買力平價（Purchasing Power Parity，PPP）是根據各國類似商品不同的價格水平計算出來的貨幣之間的比值係數，即在不同國家或地區購買相同品質和數量的消費品所花費的不同貨幣的比值，是比較經濟發展和貨幣實際購買力的一種測算方法。簡單來說，同樣的漢堡在美國和中國賣不同的美元和人民幣價格，兩個價格的比值就是美元和人民幣的實際價值之比。實際上，該方法所選擇的商品不僅是漢堡或食品，而是包含上千種常用商品和服務的一籃子消費品。

PPP 的測算過程由世界銀行主導，我國國家統計局參與，稱為國際比較項目（International Comparison Program，ICP）。2020 年 5 月 19 日，世界銀行發佈了基於 2017 年數據開展的國際比較測算結果。按 PPP 法計算，我國 2017 年 GDP 為 19.6 萬億美元，比美國略高 0.5%，已成為世界第一經濟大國，佔世界經濟總量的 16.4%；人均 GDP 為 14 150 美元，比當年匯率法[1]人均 GDP 高出 5 391 美元，位

1 即按照匯率換算。

居世界第 90 位（我國匯率法人均 GDP 排名為世界第 79 位），相當於世界平均水平的 85.3%、美國的 23.6%。

我國 2017 年 PPP 為 1 美元相當於 4.18 元人民幣，即購買 1 美元產品僅需 4.18 元人民幣，而當年市場匯率是 1 美元等於 6.75 元人民幣，即人民幣的購買力實際比市場匯率換算的要高，這也是多數發展中國家貨幣購買力的特徵。

從分類商品來看，假設全世界用同樣的貨幣，相比在美國消費，在中國買同樣的牛奶和酒精飲料更貴，分別要比在美國多花 36% 和 38%；在中國享受交通、醫療健康服務和教育更加便宜，同等服務僅需花費在美國的 56%、34% 和 43%。也就是說，中國多數有形商品的價格比美國貴，但多數服務的價格比美國便宜。同樣和美國比，在法國購買肉類和水果更貴，但醫療健康服務、教育更便宜。瑞士幾乎所有類別消費都比美國貴很多，俄羅斯、泰國和印度則幾乎所有消費都比在美國同等消費花得更少（見表 3-1）。

表 3-1　2017 年 ICP 部分國家分類商品貨幣相對美元購買力（相對數）

商品和服務	中國	法國	瑞士	俄羅斯	泰國	印度
食品	0.95	1.02	1.56	0.50	0.60	0.43
肉	0.78	1.28	2.35	0.69	0.55	0.52
牛奶	1.36	0.89	1.26	0.81	0.91	0.62
水果	1.05	1.19	1.31	0.62	0.74	0.43
蔬菜	0.60	0.96	1.46	0.45	0.56	0.31
酒精飲料	1.38	0.76	0.99	0.58	1.21	1.27
服裝鞋帽	1.09	1.03	1.18	0.75	0.36	0.28
交通	0.56	1.25	1.55	0.52	0.33	0.32

（續表）

商品和服務	中國	法國	瑞士	俄羅斯	泰國	印度
通信	0.44	0.54	0.70	0.17	0.38	0.19
餐飲住宿	0.59	1.15	1.59	0.63	0.32	0.33
醫療健康服務	0.34	0.61	1.35	0.19	0.24	0.14
教育	0.43	0.46	1.06	0.10	0.16	0.15

說明：本表將各類商品和服務的 PPP 價格除以美元兑換本幣的匯率價格，得到各國相對於美國購買同樣商品的相對價格，該數值大於 1，表明該類商品在美國更便宜；小於 1，表明在美國更貴。

數據來源：世界銀行，作者換算。

黃金能抗通脹嗎

黃金自古以來就是人們追求的重要財富。黃金以其稀少而珍貴，據研究者稱，在 19 世紀之前，人類生產黃金總共不到一萬噸。黃金生產大幅提升是 19 世紀以後的事情了。馬克思曾經說，金銀天然不是貨幣，但貨幣天然是金銀。

世界七大黃金交易中心分別為：蘇黎世、倫敦（堪稱世界最古老的黃金交易市場）、紐約（最大的黃金期貨交易市場）、東京（交易量約為紐約的 2/3）、新加坡（黃金進口大國）、香港、悉尼與墨爾本（澳大利亞是產金大國）。中國和印度是世界最大的黃金需求國。這不僅與兩國人民的財富觀有關係，也與兩國人民的文化傳統、生活習俗、宗教信仰有關係。

20 世紀 70 年代以前，黃金價格基本上由各國政府及其中央銀行決定，國際金價比較穩定。20 世紀 70 年代以後，黃金價格不再與美元直接掛鈎，黃金價格逐漸市場化。影響黃金價格變動的因素很多，包括黃金生產與供給、黃金需求、各國財政政策與貨幣政策等。

國際金價走勢與政治、經濟和軍事事件密不可分，大範圍的戰爭衝突、金融危機、大國貨幣政策、極端事件以及重大法案的通過都會對國際金價造成衝擊，帶來短期大幅波動。如果考慮通脹因素，以 1982—1984 年的美元為基準價格，計算可比價格後發現，長期來看，黃金價格對通貨膨脹的反應並沒有想像中的那麼大（見圖 3-2）。

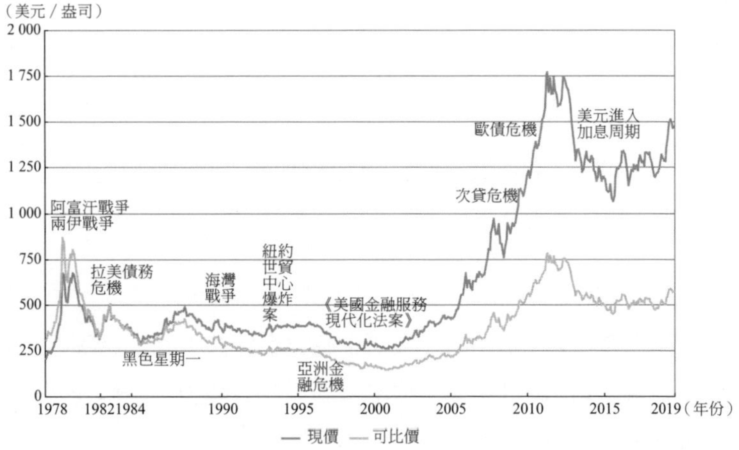

圖 3-2　國際黃金價格走勢

數據來源：世界黃金協會，https://www.gold.org.

消費

賺錢為什麼

chapter 4

4

消費是社會再生產過程中的一個重要環節，也是最終環節。在我國社會主義制度下，社會生產的目的是滿足人們日益增長的美好生活的需要，因而消費是推動社會生產發展的強大動力。

具體而言，最終消費支出是一個國家（地區）所有居民和政府部門在一定時期內為滿足物質、文化和精神生活需要的全部消費支出。而這些消費支出所對應的產品和服務可以是本地製造的，也可以是從外國（外地）購買的。消費是拉動經濟增長的「三駕馬車」之一，是我國經濟長期保持高速增長的重要動力。

在世界經濟貿易持續下滑、國際金融市場波動加劇、地區和全球性挑戰突發多發的背景下，我國出口嚴重受阻，投資活動面臨結構性調整。在這種情況下，人們將目光轉向消費，希望通過拉動內需來保增長。最近幾年，消費對經濟增長的拉動作用不斷增強。2019 年最終消費對 GDP 增長的貢獻率為 57.8%，連續 9 年成為經濟增長的第一拉動力。

| 小貼士 |

三駕馬車

一國或一地區的經濟狀況和發展水平常用 GDP 來衡量。從支出法來看，GDP 有三個組成部分，即投資、消費、淨出口，因此經濟學中常將投資、消費、淨出口比喻為拉動經濟增長的「三駕馬車」。一般通過投資率、消費率和淨出口率來考察三大需求佔 GDP 的比重；三者對經濟增長的拉動率是當年三者的增量分別佔 GDP 總增量的比重，也稱為三大需求對經濟增長的貢獻率。「三駕馬車」齊頭並進、協同發展，對於一國經濟是最好的狀態，否則會帶來結構失衡的問題。

改革開放以來，我國經濟保持高速增長。但是長期以來，「三駕馬車」對於我國經濟增長貢獻率相差較大，形成了過度依賴投資和出口的局面。

我國最終消費有多少

2019 年我國最終消費支出為 55.15 萬億元，佔支出法 GDP 的 55.43%，其中居民消費支出為 38.59 萬億元，佔最終消費支出的 69.97%。改革開放以來，最終消費佔 GDP 比重先是穩定在 60% 左右，2000 年左右開始下降，並於 2007 年開始穩定在 50% 左右；最終消費中居民消費佔比長期穩定在 70%～80%；居民消費中城鎮居民消費上升明顯，從 1980 年的 39.45% 上升至 2018 年的 78.20%（見圖 4-1）。最終消費已經成為拉動我國經濟增長的主要動力。

還應該看到，推動最終消費增長的因素也在變化，既有城鄉居民收入持續保有較快增長這個根本因素，又有流通方式創新帶來的消費方式創新的影響，特別是：網絡化對消費的推動，消費結構繼續升級、服務消費快速增長的帶動，消費環境不斷改善，消費需求得到有效刺激。

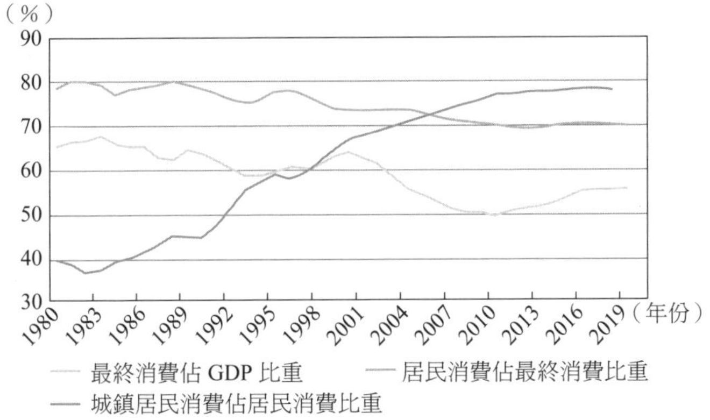

圖 4-1　1980—2019 年我國幾類最終消費比重及變動

說明：城鎮居民消費佔居民消費比重數據截至 2018 年。

數據來源：國家統計局，data.stats.gov.cn.

| 小貼士 |

最終消費

最終消費支出是指一個國家或地區所有居民和政府部門在一定時期內為滿足物質、精神和文化生活需要的全部消費支出。它是支出法 GDP 的重要組成部分，可以分為兩個部分：居民消費和政府消費。

支出法 GDP = 最終消費 ＋ 資本形成總額 ＋ 貨物和服務淨出口

我國的居民消費率高嗎

居民消費率的高低與國家經濟發展程度並無直接聯繫，但它卻是衡量一個國家經濟發展良性與否的重要指標。居民消費率不合理直接關係到居民的消費能力和消費水平，影響國民經濟的健康良性運行。發達國家中，美國、英國等居民消費率較高，歐洲高福利國家居民消費率普遍較低，政府消費率很高。發展中國家居民消費率普遍較高，而我國居民消費率則長期處於低位，有很大的增長空間（見表 4-1）。

表 4-1　2018 年部分國家或地區居民消費佔 GDP 比重（%）

IMD 排名	國家或地區	佔比	IMD 排名	國家或地區	佔比
1	約旦	87.0	54	瑞典	44.1
2	烏克蘭	80.7	55	挪威	43.3
3	菲律賓	73.8	56	荷蘭	42.4
4	哥倫比亞	68.5	57	阿聯酋	38.5
5	中國香港	68.4	58	中國內地	38.4
6	美國	68.1	59	沙特阿拉伯	38.1

（續表）

IMD 排名	國家或地區	佔比	IMD 排名	國家或地區	佔比
7	塞浦路斯	67.5	60	新加坡	34.1
8	英國	66.1	61	愛爾蘭	30.9
9	希臘	65.3	62	盧森堡	30.6
10	阿根廷	65.0	63	卡塔爾	22.0

說明：中國內地為 2017 年數據，約旦為 2016 年數據。

數據來源：IMD, World competitiveness yearbook, 2019.

1995—2018 年，個別國家居民消費支出佔 GDP 比重在一定時期內保持相對穩定，我國居民消費支出佔比自 2000 年後經歷一個下降時期，目前基本穩定在 35%～40% 之間，與其他各國相比處於較低水平（見圖 4-2）。

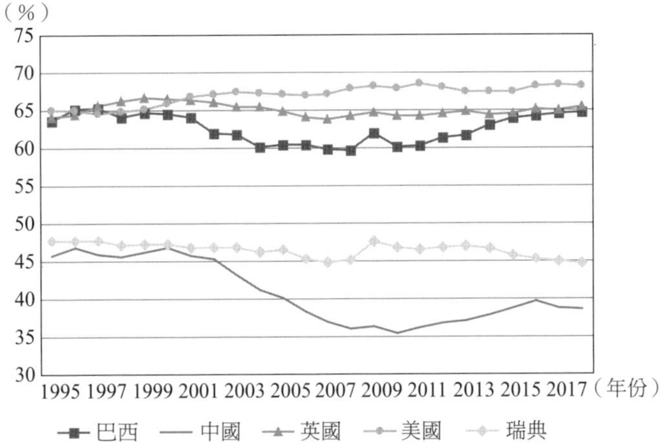

圖 4-2　1998—2018 年部分國家居民及 NPISHs 最終消費支出佔 GDP 比重變化

說明：NPISHs 表示為住戶服務的非營利機構部門。

數據來源：世界銀行，https://data.worldbank.org.cn.

自 2014 年以來，我國居民人均消費支出增長率持續高於 GDP 增長率（見圖 4-3）。我國消費規模正在迅速擴大，已經成為全球最大和最具成長性的新興市場。與此同時，我國正在步入消費型社會，消費形態和結構正在發生深刻轉變，包括消費需求由滿足日常需求向追求品質轉變，消費方式由單純的線下發展向線上和線下相融合發展轉變，消費品類從以商品為主向商品和服務並重轉變，消費行為從模仿型、排浪式消費向個性化、多樣化、多層次消費轉變，消費理念從講排場、重攀比向綠色節約轉變。

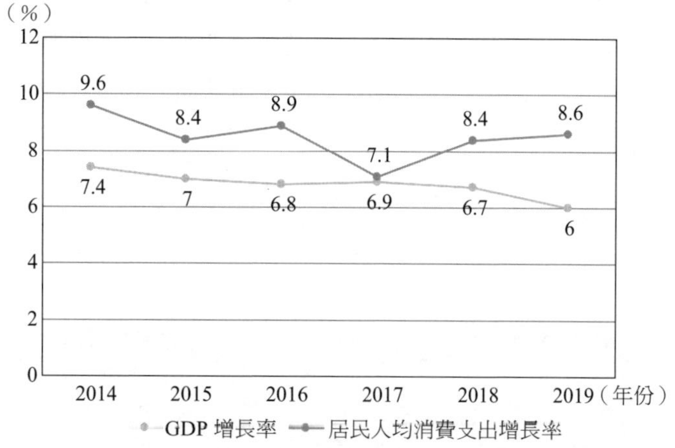

圖 4-3　中國 GDP 增長率和居民人均消費支出增長率

說明：從 2013 年起，國家統計局開展了城鄉一體化住戶收支與生活狀況調查，2013 年及以後數據來源於此項調查，這與 2013 年前的分城鎮和農村住戶調查的調查範圍、調查方法、指標口徑有所不同。

數據來源：國家統計局，data.stats.gov.cn.

我們到底吃掉多少錢

吃飯問題是人類社會面臨的最大的問題，解決吃飯問題也是人類社會進步的基本動力之一。通常人們將食品支出佔家庭最終消費支出的比例——恩格爾係數，作為一個基本指標。

通常，發達國家的恩格爾係數較低，發展中國家的恩格爾係數較高。部分發達國家的恩格爾係數低於 10%，在發展中國家中，我國居於平均水平，巴西已低於 20%，較高的菲律賓超過 40%（見圖 4-4）。從 2016—2017 年，幾乎所有國家食品支出佔比均有不同程度的下降，這表明居民生活有所改善。

1990 年代至今，我國城鄉居民恩格爾係數的差異經歷了先大後小的過程，2019 年兩者分別為 27.6% 和 30.0%。

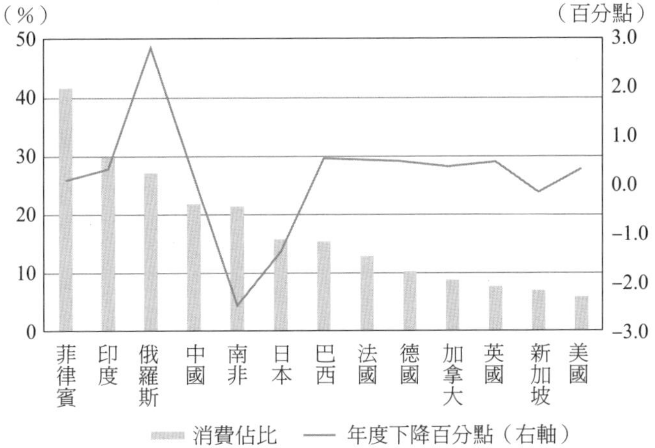

圖 4-4　2017 年食品支出佔家庭最終消費支出比例及其變化

數據來源：IMD, World competitiveness yearbook, 2018, 2019.

從圖 4-5 所顯示的情況可知，1980 年我國農村居民恩格爾係數約為 62%，城鎮居民約為 57%，基本溫飽問題尚未解決。40 年來，隨着我國國民經濟的發展和居民整體收入的提高，我國城鄉居民恩格爾係數都在不斷下降。解決好吃飯問題才能更好地解決發展問題。從一定意義上講，中國較好地解決了 14 億人口的吃飯問題和發展問題，就是對世界最大的貢獻。

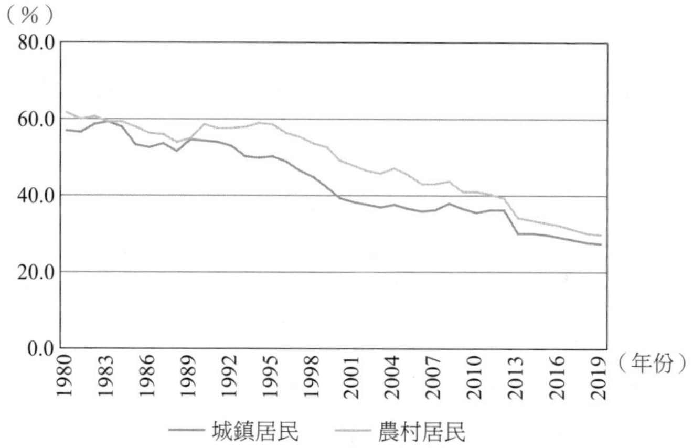

圖 4-5　1980—2019 年我國城鄉居民恩格爾係數變化

數據來源：國家統計局，data.stats.gov.cn.

| 小貼士 |

恩格爾係數

恩格爾係數是食品支出佔家庭最終消費支出的比重。19 世紀德國統計學家恩格爾根據統計資料發現：一個家庭收入越少，家庭總收入中或總支出中用來購買食物的支出所佔的比重就越大，並且該比重會隨着收入的提高而下降。

因此一個家庭的恩格爾係數越小，就説明這個家庭經濟越富裕。推廣開來，一個國家的恩格爾係數越大，每個國民的平均收入或平均支出中用於購買食物的支出所佔比重就越大，說明這個國家就越窮，而隨着國家的富裕，這個比重會呈下降趨勢。

城鄉居民膳食結構

膳食結構是指膳食中各類食物的數量及其在膳食中所佔的比重。目前世界上大致可以分為西方膳食結構、東方膳食結構和地中海式膳食結構三種類型，以中國為代表的東方膳食結構是以植物性食物為主、動物性食物為輔。

合理的膳食結構和水平是一個國家或地區經濟發展的重要體現。在我國，農村居民人均消費糧食顯著多於城鎮居民，城鎮居民的食品消費更加分散和均衡，在菜、肉、水產品、奶和瓜果上的消費均高於農村居民（見圖 4-6）。隨着我國經濟的發展和城鄉居民人均收入水平的提高，我國城鄉居民的膳食結構不斷改善，從「吃得飽」向「吃得好」轉變，各種合理膳食、健康飲食的觀念深入人心。

城鄉居民消費結構的變化

消費水平反映生活水平。2019 年，我國城鎮和農村居民人均消費支出分別為 28 063 元和 13 328 元，這兩個數字較之於 2018 年人均消費支出分別上升了 7.47% 和 9.93%（未經價格處理）。城鎮居民和農村居民的消費支出結構相差不大，農村居民在食品、交通通信和醫療保健上的支出比例略高於城鎮居民（見圖 4-7）。

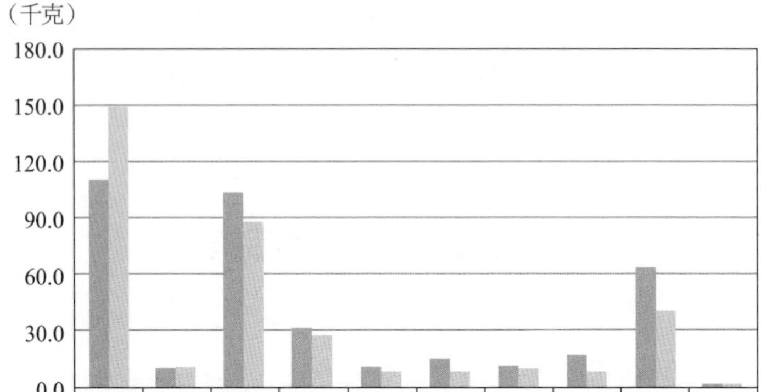

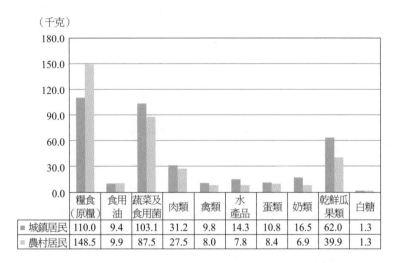

	糧食（原糧）	食用油	蔬菜及食用菌	肉類	禽類	水產品	蛋類	奶類	乾鮮瓜果類	白糖
■ 城鎮居民	110.0	9.4	103.1	31.2	9.8	14.3	10.8	16.5	62.0	1.3
■ 農村居民	148.5	9.9	87.5	27.5	8.0	7.8	8.4	6.9	39.9	1.3

圖 4-6　2018 年中國城鎮、農村居民人均主要食品消費量

數據來源：國家統計局，data.stats.gov.cn.

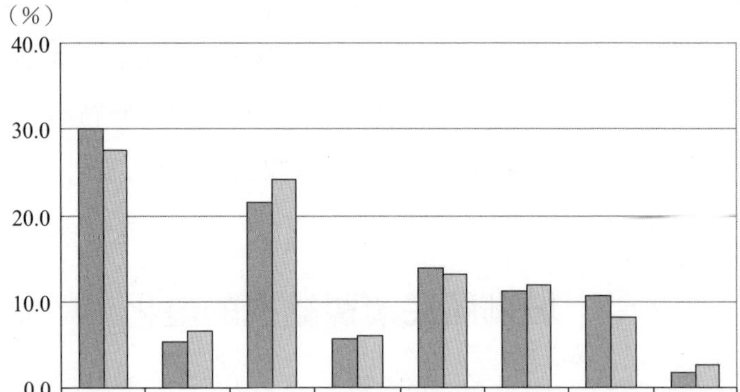

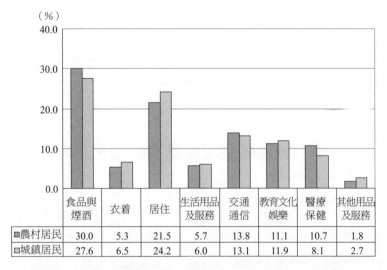

	食品與煙酒	衣着	居住	生活用品及服務	交通通信	教育文化娛樂	醫療保健	其他用品及服務
■農村居民	30.0	5.3	21.5	5.7	13.8	11.1	10.7	1.8
□城鎮居民	27.6	6.5	24.2	6.0	13.1	11.9	8.1	2.7

圖 4-7　2019 年中國城鎮、農村居民人均消費支出佔比情況

數據來源：國家統計局，data.stats.gov.cn.

消費結構的變化反映着需求結構的變化。1995—2019年，食品和居住一直是居民消費支出的大頭。近年來，我國城鄉居民食品支出佔消費支出比例下降明顯，且農村與城鎮居民在這方面的差異逐漸減小。城鄉居民居住支出佔比逐漸升高，尤其是城鎮居民，自2013年開始其居住支出佔比已經超過農村居民（見圖4-8）。

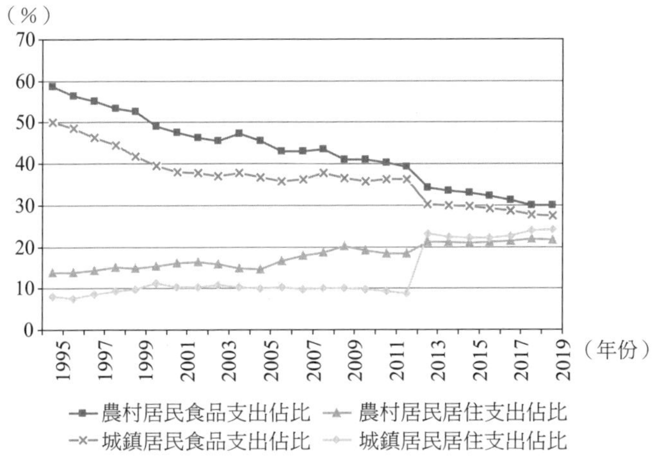

圖4-8　中國城鄉居民食品和居住支出佔比變化情況

數據來源：國家統計局，data.stats.gov.cn.

| 小貼士 |

消費結構

消費結構是指各類消費支出在總費用支出中所佔的比重。我國的統計規則將居民消費支出分為八大類別，即食品與煙酒、衣着、居住、生活用品及服務、交通通信、教育文化娛樂、醫療保健、其他用品及服務。

發達國家消費結構的特徵是基本生活必需品的支出在家庭總費

用支出中所佔比重很小，而交通、娛樂、衞生保健、旅遊、教育等支出佔比較高。發展中國家消費結構的特徵是基本生活必需品在家庭總費用支出中佔比較高。

企業必須重視消費者滿意度

對於企業來說，消費者滿意度是消費者對企業的重要評價指標。中國企業對於消費者滿意度的重視程度越來越高。在經濟全球化背景下，企業及其產品、服務的競爭加劇，客戶對企業的評價成為企業經營的重要目標。給客戶帶來滿意度高的產品和服務、建立忠誠的客戶群，對於企業發展至關重要。隨着社會主義市場經濟體制的建立和企業改革的不斷深入，中國（不包括港澳台地區）企業對消費者滿意度的重視程度在波動中呈現上升趨勢，2019 年達到最高點 7.39（見表 4-2）。尤其需要說明的是，在目前「逆全球化」思潮和貿易保護主義抬頭的背景下，中國企業更需要重視消費者滿意度。

從圖 4-9 中可以看出，1995—2019 年，中國企業對消費者滿意度的重視程度呈波動性上升趨勢。

您對消費有信心嗎

消費者信心指數是反映消費者信心強弱的指標，是綜合反映並量化消費者對當前經濟形勢進行評價和反映經濟前景、收入水平、收入預期以及消費心理狀態的指標，也是預測經濟走勢和消費趨向的一個先行指標。

表 4-2　2019 年部分國家或地區企業對消費者滿意度重視程度及其排名情況

排名	國家／地區	滿意度重視程度	排名	國家／地區	滿意度重視程度
1	阿聯酋	8.08	19	中國內地	7.39
2	奧地利	7.89	24	馬來西亞	7.19
3	愛爾蘭	7.88	30	德國	7.00
4	日本	7.84	31	南非	6.98
5	立陶宛	7.80	36	烏克蘭	6.79
6	卡塔爾	7.77	42	巴西	6.63
7	美國	7.76	46	意大利	6.44
8	中國香港	7.74	49	印度	6.27
9	荷蘭	7.66	58	俄羅斯	5.97
10	韓國	7.66	60	阿根廷	5.77

數據來源：IMD, World competitiveness yearbook, 2019.

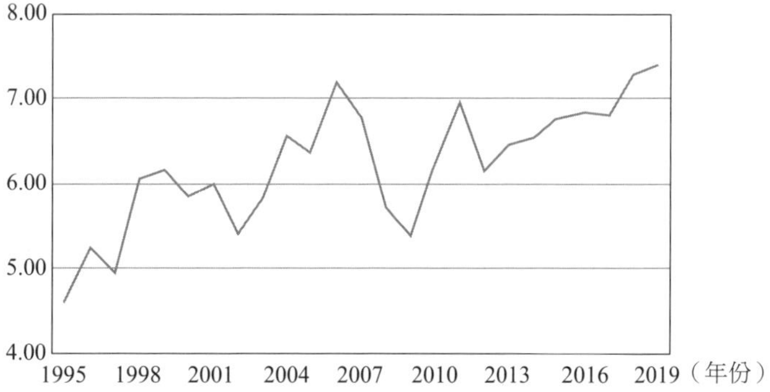

圖 4-9　中國企業對消費者滿意度重視程度

數據來源：IMD, World competitiveness yearbook, 1995-2019.

消費者信心指數是20世紀40年代由美國密歇根大學的調查中心首先開始編制的。中國國家統計局中國經濟景氣監測中心從1997年12月開始編制中國消費者信心指數。

美國消費者信心指數大多數時期都小於100，即基本持悲觀態度，尤其是2008年國際金融危機以來消費者信心下降明顯，後逐步回升，但2020年發生的新冠肺炎疫情讓消費者信心又大幅下降。相比較而言，中國消費者信心指數則比較穩定，偏向於樂觀（見圖4-10）。

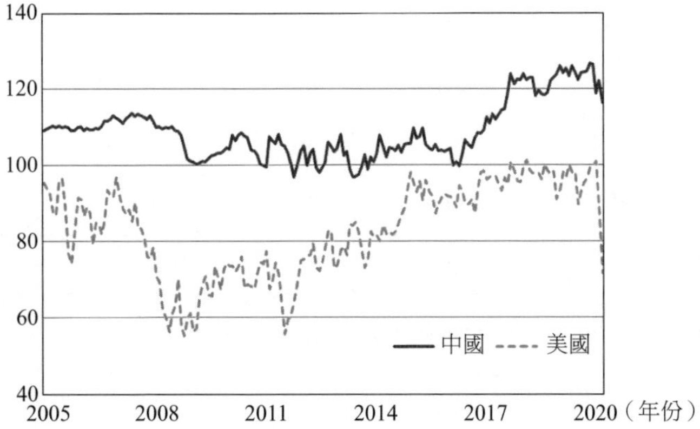

圖 4-10　2005 年 1 月—2020 年 4 月中美兩國消費者信心指數對比

數據來源：中國國家統計局，data.stats.gov.cn；美國密歇根大學，http://www.sca.isr.umich.edu.

| 小貼士 |

消費者信心指數

消費者信心指數由消費者滿意指數和消費者預期指數構成。消費者滿意指數，是指消費者對當前經濟生活的評價；消費者預期指數，是指消費者對未來經濟生活發生變化的預期。指數取值介於 0～200（或 0～100）之間，0 表示消費者極度悲觀，100 或 50 表示中立，200 或 100 表示消費者極度樂觀。有影響力的消費者信心指數：美國密歇根大學消費者信心指數和國會消費者信心指數，萬事達卡亞太地區消費者信心指數、歐盟消費者信心指數。中國的消費者信心指數：中國國家統計局中國經濟景氣監測中心和尼爾森公司發佈的消費者信心指數等。

投資

怎樣才能讓錢生錢

chapter 5

5

根據經濟學中的乘數原理和加速原理，投資的增長會帶來若干倍國民收入的增長，而國民收入增長又會促進投資，如此反復循環，使得國民收入和投資雙雙加倍增長，最終反映在經濟發展中。相反地，如果投資減少也會帶來數倍的國民收入減少，抑制經濟發展。

改革開放以來，我國投資規模增長迅速，2019 年固定資產投資達 56.09 萬億元，不考慮價格因素，是 1980 年的 616 倍，其年均增長率超過了 GDP 的年均增長率。投資成為我國經濟快速增長的引擎，投資率（固定資本形成總額佔 GDP 比重）上升至 2019 年的 43.1%。沒有投資的有力支撐，我國經濟不可能維持多年的高增長。

但過高的投資率是把雙刃劍：投資資金的來源是儲蓄，而儲蓄是收入減去消費後的餘額，投資的大幅增加需要相應的儲蓄做支撐，從而可能抑制消費，導致我國經濟增長動力的不平衡。

中國的高儲蓄率和高投資率

儲蓄是投資資金的來源，儲蓄率越高，能夠支撐的投資率也就越高。高儲蓄率和高投資率與經濟發展階段有關，與消費結構和消費偏好有關，也與文化傳統有關。例如，我國的儲蓄率和投資率均處於較高水平，發達國家則大多是低儲蓄率低投資率並存，但也有新加坡、盧森堡等發達國家擁有很高的儲蓄率的情況（見圖 5-1）。

由圖 5-2 可知，我國的儲蓄率和投資率變化趨勢基本一致，且儲蓄率一直高於投資率，在經歷了 2000—2010 年的一段較高且有波動的總體增長時期後，儲蓄率和投資率在最近幾年呈平穩下降趨勢。

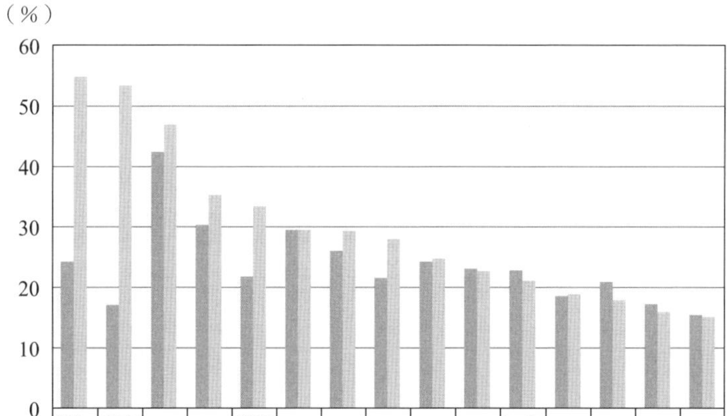

	新加坡	盧森堡	中國	韓國	俄羅斯	印度	瑞典	德國	日本	法國	加拿大	南非	美國	英國	巴西
投資率	24.13	16.81	42.29	30.06	21.41	29.3	25.85	21.16	24.19	22.58	22.58	18.19	20.74	16.97	15.24
儲蓄率	54.52	53.58	46.65	35.26	33.25	29.38	29.32	27.96	24.67	20.98	20.98	18.79	17.72	15.99	15.21

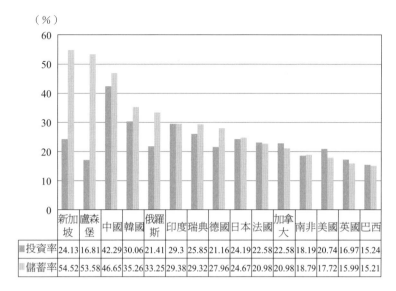

圖 5-1　2018 年部分國家投資率和儲蓄率比較

數據來源：世界銀行，https://data.worldbank.org.cn.

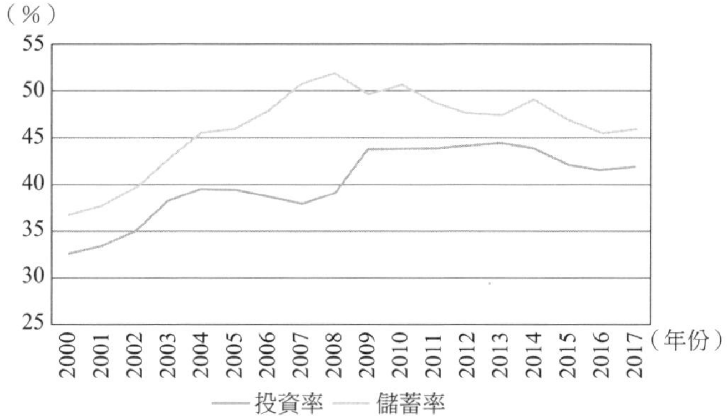

圖 5-2　我國 2000—2017 年儲蓄率和投資率變化情況

數據來源：國家統計局，data.stats.gov.cn.

| 小貼士 |

儲蓄率和投資率

儲蓄率 =（國內總儲蓄 /GDP）×100%

投資率 =（固定資本形成總額 /GDP）×100%

收入在滿足消費之後剩餘的部分就是儲蓄，儲蓄是投資的源泉，一般來說儲蓄率越高，投資率就越高。

投資這輛馬車跑得有多快

在國際金融危機嚴重的 2008—2010 年，大多數國家或地區的固定資本形成總額呈負增長態勢。在金融危機和債務危機的雙重打擊下，希臘是負增長最嚴重的國家。中國和印度尼西亞是固定資本形成總額一直保持增長的國家（見圖 5-3）。

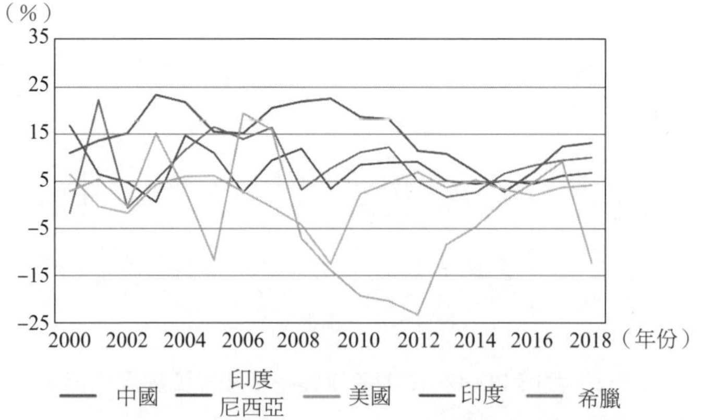

圖 5-3 固定資本形成總額實際增長率

數據來源：國家統計局，data.stats.gov.cn；世界銀行，https://data.worldbank.org.cn.

所謂固定資本形成總額，是指常駐單位在一定時期內獲得的固定資產減去處置的固定資產的價值總額，分為有形固定資產形成總額和無形固定資產形成總額。

中國的固定資本形成總額增長率一直在較高的水平上保持相對穩定，在大多數年份領先於 GDP 增長率，成為推動經濟的主要引擎。經過 2015—2016 年的低谷期後，我國的固定資本形成總額增長率在 2017—2018 年又上升到了 12% 以上的水平（見圖 5-4）。

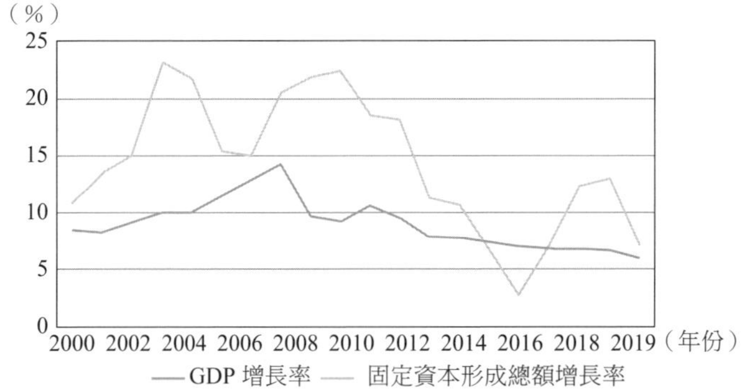

圖 5-4　中國不變價 GDP 增長率和固定資本形成總額增長率變化情況

數據來源：國家統計局，data.stats.gov.cn.

中國市場吸引力有多大

2019 年，中美兩國是外商直接投資淨流入最大的國家，而且從整體上看，發達國家的外商直接投資淨流入高於發展中國家。儘管如此，中國仍然在全世界外商直接投資淨流入最多的國家或地區中排名第二（見表 5-1），這表明中國仍然是外商直接投資的主要目的地，外商對中國經濟發展和中國市場具有信心。我國外商直接投資淨流入在2013 年經歷了一次高峰（見圖 5-5）。

表 5-1　2019 年部分國家或地區外商直接投資淨流入（10 億美元）

國家或地區	金　額	國家或地區	金　額
美國	310.81	印度	50.61
中國內地	155.82	加拿大	44.88
新加坡	105.47	俄羅斯聯邦	31.78
巴西	78.56	荷蘭	28.06
法國	67.11	英國	27.03
中國香港	53.17	南非	4.62
德國	51.01	愛爾蘭	-79.27

數據來源：世界銀行，https://data.worldbank.org.cn.

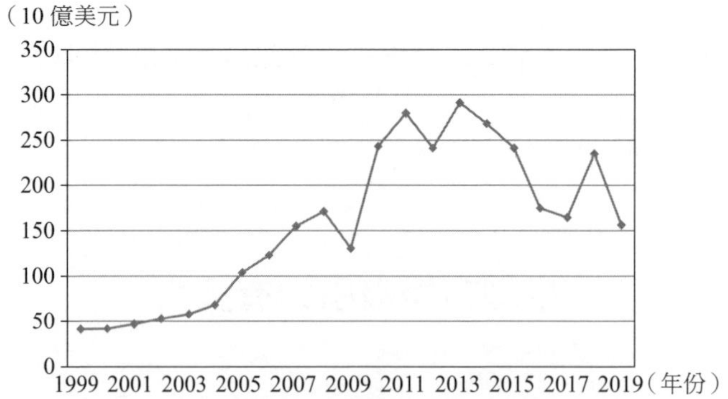

圖 5-5　1999—2019 年中國內地外商直接投資淨流入變化情況

數據來源：世界銀行，https://data.worldbank.org.cn.

| 小貼士 |

外商直接投資

外商投資有兩種方式：外商直接投資（foreign direct investment，FDI）和外商其他投資，其中 FDI 進入中國的主要形式是：中外合資經營企業、中外合作經營企業、外商獨資經營企業、中外合作開發。一般認為，FDI 會給流入地帶來巨大利益，如補充資本、知識和技術轉移、先進的管理方式和理念等，最終促進其經濟發展。

中國的外商直接投資來自哪裏

中國外商直接投資區域集中度非常高，主要分佈在少數幾個國家或地區，亞洲佔比最高，而在其他大洲則多集中於發達國家、避稅島或自由港（見表 5-2）。表 5-3 具體反映了 2018 年中國內地 FDI 來源 20 億美元以上的國家或地區投資金額及佔比。

外商直接投資規模反映了一個國家的整體投資環境和市場吸引力，也反映了一個國家的開放程度。我國吸引外資也呈現了一些新特點：一是吸引外資規模不斷創新高；二是外資質量提高，產業結構不斷優化；三是改革措施成效顯現，如自由貿易試驗區引資效應明顯等；四是全球 500 強跨國公司投資增資踴躍；五是對我國經濟社會促進作用增強。

表 5-2　2018 年中國實際利用外商直接投資洲際分佈

大　洲	亞洲	歐洲	拉丁美洲	北美洲	大洋洲	非洲
金額（億美元）	1 070.1	111.9	90.3	51.5	19.1	6.1
佔比（%）	79.29	8.29	6.69	3.81	1.41	0.45

數據來源：國家統計局，data.stats.gov.cn.

表 5-3　2018 年中國內地 FDI 來源 20 億美元以上國家或地區投資金額及佔比

國家或地區	金額（億美元）	佔比（%）
中國香港	899.17	66.6
新加坡	52.10	3.9
維爾京群島	47.12	3.5
韓國	46.67	3.5
開曼群島	40.68	3.0
日本	37.98	2.8
德國	36.74	2.7
美國	26.89	2.0
英國	24.82	1.8
百慕大群島	21.67	1.6
其他	115.82	8.6
合計	1 349.66	100.0

數據來源：國家統計局，data.stats.gov.cn.

小貼士

著名國際避稅島

對外直接投資有相當比例來源於偏僻的小群島，這些群島多為全球著名的避稅島。避稅島的特點是可以避稅，註冊成本低，法律寬鬆。世界著名的避稅島有開曼群島、英屬維爾京群島、百慕大群島、毛里求斯（稱為「非洲的瑞士」）、湯加（大洋洲投資聖地）、澤西島。

避稅島的資金來源多樣化，部分資金可能是本國流出後再回流成為「外資」。但避稅島問題存在雙面性，一方面便利地推動了國際投資，另一方面也給各國稅收稽查帶來難度。2008 年國際金融危機以來，各國對於避稅島的問題都有所重視，旨在打擊逃稅，規範富人收入，提升國民福利。

我國資本「走出去」了多少

近年來，我國不僅積極引進外資，也鼓勵本國資本「走出去」，對外直接投資成效顯著。2018 年，中國內地對外投資流量躍居世界第四，達 1 298.3 億美元。德國、英國、日本等發達經濟體仍是對外直接投資最活躍的地區，流量和存量均居世界前列。由於起步較晚，中國內地對外直接投資存量仍然較低，2019 年，中國內地對外直接投資存量是美國的 27%（見表 5-4）。隨着經濟全球化和中國經濟實力的提升，我國對外直接投資將會顯著增加，我國對世界經濟增長的貢獻和拉動也會不斷增強。

我國資本「走出去」到了哪裏

中國對外直接投資存量集中度較高，從洲際來看，主要分佈在亞洲和拉丁美洲；從各洲內部來看，也主要分佈在少數幾個國家或地區。2018 年，中國內地投資到中國香港的資金佔投資亞洲總資金的 86.23%，拉丁美洲主要集中在英屬維爾京群島、開曼群島。中國對歐洲、北美洲、大洋洲的直接投資分佈在主要發達國家，而非洲投資流向多是自然資源豐富的國家，具體存量洲際分佈情況如表 5-5 所示。

表 5-4　2019 年部分國家或地區對外直接投資流量和存量

國家或地區	流量排名	流量（十億美元）	國家或地區	存量排名	存量（十億美元）
日本	1	248.7	美國	1	7 721.7
美國	2	188.5	荷蘭	2	2 565.3
德國	3	134.9	中國內地	3	2 099.4
中國內地	4	97.7	英國	4	1 949.4
荷蘭	5	78.2	日本	5	1 818.1
加拿大	6	73.8	中國香港	6	1 794.0
法國	7	55.7	德國	7	1 719.4
中國香港	8	44.1	加拿大	8	1 652.5
維爾京群島	9	41.0	法國	9	1 532.8
韓國	10	35.5	瑞士	10	1 526.2

數據來源：根據世界銀行和 UNCTAD 公佈的數據整理。

表 5-5　2018 年中國對外投資存量洲際分佈情況

大洲	金額（億美元）	佔比（%）
亞洲	12 761.3	64.38
拉丁美洲	4 067.7	20.52
歐洲	1 128.0	5.69
北美洲	963.5	4.86
非洲	461.0	2.33
大洋洲	441.1	2.22
總額	19 822.6	100.00

數據來源：國家統計局，data.stats.gov.cn.

表 5-6 具體列出了 2018 年中國內地對外直接投資存量前 10 的國家或地區。

表 5-6　2018 年中國內地對外直接投資存量前 10 的國家或地區

國家或地區	金額（億美元）	佔比（%）（四捨五入）
中國香港	11 003.9	55.51
開曼群島	2 592.2	13.08
英屬維爾京群島	1 305.0	6.58
美國	755.1	3.81
新加坡	500.9	2.53
澳大利亞	383.8	1.94
英國	198.8	1.00
俄羅斯	142.1	0.72
德國	136.9	0.69
印度尼西亞	128.1	0.65

數據來源：國家統計局，data.stats.gov.cn.

隨着中國「一帶一路」倡議得到越來越多國家的理解和支持，「一帶一路」建設堅持的共商共建共享、優勢互補、互利共贏、合作發展、造福人民的理念也越來越深入人心，一批重大項目建設在「一帶一路」沿線國家落地，帶動了當地經濟發展，創造了大量就業，增進了當地人民的福祉，也促進了中國資本的對外直接投資活動。

中國的市場環境如何

習近平總書記指出：「中國開放的大門永遠不會關上。」中國經濟發展的歷史表明，開放是國家繁榮發展的必由之路。開放程度較高的國家的法律環境較為寬鬆，對公司的支持度較高，便於公司開展各項業務，即擁有較好的市場環境。中國正在着力提升市場環境，目前在支持企業開展業務方面的評分與美、英等發達國家相差不多，比其他金磚國家擁有更多優勢（見表 5-7）。

表 5-7　2018 年部分國家法律法規對開展業務的支持度排名與得分

排名	國家	開展業務支持度得分
1	新加坡	8.35
3	阿聯酋	7.76
4	丹麥	7.47
7	新西蘭	7.13
15	美國	6.58
17	英國	6.41
25	中國	5.61
31	日本	5.41
32	德國	5.33
33	印度	5.22
46	南非	4.16
56	俄羅斯	3.17
57	韓國	3.04
59	巴西	2.69

數據來源：IMD, World competitiveness yearbook, 2018.

在創立公司支持度方面，中國法律法規比其他金磚國家支持度要高，與發達國家相比仍存在一定距離（見表 5-8）。綜合來看，中國法律法規體系對企業的支持程度處於中等水平，還有很大改進空間。

表 5-8　2019 年部分國家法律法規對創立公司的支持度排名與得分

排名	國家	創立公司支持度得分
1	新加坡	8.79
2	丹麥	8.6
4	瑞典	8.49
5	荷蘭	8.48
6	阿聯酋	8.38
10	美國	7.98
21	英國	7.35
31	日本	6.73
32	中國	6.73
34	印度	6.65
42	南非	6.13
47	俄羅斯	5.78
49	韓國	5.36

數據來源：IMD, World competitiveness yearbook, 2019.

| 小貼士 |

市場環境

「創立公司」是指一國的法律對創立公司的支持程度，「開展業務支持度」是指一國的規章制度對公司開展業務的支持程度。概括起來就是，對於公司來説，一國的法律法規是否完善健全。健全的法律法規體系是市場開放的前提，也是擁有良好市場環境的核心要素。

中國市場的開放程度如何

通常一個經濟體市場的開放程度與該地的經濟發展水平有關。發達國家或地區的對內開放程度較高，企業在資本市場（包括境內和境外資本市場）更容易獲得資金支持。發展中國家和新興經濟體對內開放程度相對較低，企業存在融資難的問題；對外開放程度也較低，外商在所在地的活動受到較多限制。根據 2019 年相關數據，中國內地在對內對外市場的開放程度兩項排名上均處於靠後位置（見表 5-9），

表 5-9　2019 年部分國家或地區開放程度排名與得分

對內開放程度			對外開放程度		
排名	國家或地區	得分	排名	國家或地區	得分
1	中國香港	9.06	1	奧地利	9.08
2	荷蘭	8.79	2	中國香港	9.06
3	新加坡	8.62	4	瑞典	8.89
4	瑞典	8.57	8	英國	8.54
5	丹麥	8.49	10	德國	8.48
6	德國	8.47	25	美國	7.66
7	美國	8.43	29	法國	7.16
19	法國	7.38	41	南非	6.23
34	日本	6.78	45	日本	6
44	南非	5.8	47	印度	5.93
52	巴西	5.14	56	巴西	5.46
58	中國內地	4.68	59	中國內地	5.27
61	俄羅斯	3.46	61	俄羅斯	4.59

數據來源：IMD, World competitiveness yearbook, 2019.

且長期以來變化不大。在未來的國際經濟格局變化和國內經濟發展中，加快對內對外開放仍然是中國政府一項重要的任務。

圖 5-6 呈現了 1995—2019 年中國對內對外開放程度得分變化情況。

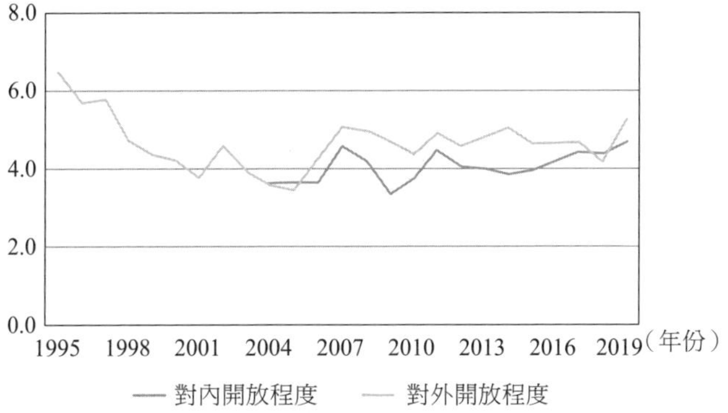

圖 5-6　中國開放程度得分變化情況

數據來源：IMD, World competitiveness yearbook, 1995-2019.

| 小貼士 |

對內開放程度和對外開放程度

對內開放程度指對於國內投資者而言，在境內和境外資本市場中融資的難易程度，得分越高説明國內投資者越容易在資本市場上取得資金。

對外開放程度指對於在國內的公司，外商能夠實施控制的自由程度，得分越高表明外商在其境內受限越小，自由度越高。

證券投資資產和負債

歐盟、美國和日本等經濟體擁有較為發達的金融體系，其直接融資市場規模比其他國家要大。中國目前間接融資仍佔主要地位，直接融資市場規模處於中等水平，與發達國家相比，資產規模較小，而負債規模則位居世界第五（見表 5-10）。

表 5-10　2018 年部分國家證券投資規模與排名

國家	資　產		負　債	
	總額（10 億美元）	排名	總額（10 億美元）	排名
美國	210.33	1	320.01	1
日本	187.05	2	94.84	6
英國	112.85	3	197.17	2
盧森堡	93.31	5	192.06	3
德國	82.43	7	-51.38	61
韓國	64.99	10	21.11	14
中國	53.51	13	160.21	5
法國	39.46	15	22.23	13
巴西	3.3	36	-8.4	55
俄羅斯	-1.83	58	-9.42	56
瑞士	-12.03	61	-22.89	58

説明：英國的資產和負債都是 2017 年數據。

數據來源：IMD, World competitiveness yearbook, 2019.

| 小貼士 |

證券投資資產和負債

證券投資資產和負債表明直接融資市場規模的大小。資產是一國經濟主體持有證券的總額，負債是國內外經濟主體持有該國發行證券投資的規模。

| 小貼士 |

直接融資與間接融資

直接融資指沒有金融中介機構介入的資金融通方式，即資金供給方和需求方直接達成交易。間接融資為直接融資的對稱，指資金盈餘單位與資金短缺單位之間不發生直接關係，而是分別與金融機構發生獨立的交易，通過金融機構間接實現融資目的。

進出口

互通有無、互利互惠

chapter 6

6

中國的發展離不開世界，世界的發展也離不開中國。2019 年中國以 4.58 萬億美元的進出口總額繼續超越美國的 4.21 萬億美元再次蟬聯世界第一大貿易國的桂冠。而在 2000 年時我國進出口總額僅為 4 743 億美元，在 2000—2019 年，其每年以平均 12.7% 的速度增長。

目前，中國是 120 多個國家或地區的第一大貿易夥伴，貿易餘額經常處於盈餘狀態。中國的貿易夥伴漸趨多元化，歐盟、美、日等傳統市場份額呈下滑趨勢，而東盟等新興市場成為新亮點。

分析中國對外貿易結構可以發現，中國相當部分貿易是對進口商品進行加工，再出口到其他國家，是典型的出口加工模式。而隨着經濟高速增長，中國資源能源消費量巨大，進口的礦石、石油、天然氣和農產品比重逐漸提高。

在 2008 年國際金融危機和歐債危機的衝擊下，世界經濟復蘇緩慢，導致我國外部需求減少。美國、日本和歐洲欲重構世界貿易格局，建立新規則。在這樣的背景下，中國正致力於進一步提高對外開放水平。自由貿易區戰略、「一帶一路」倡議等正在如火如荼地推進。推動形成以國內大循環為主體、國內國際雙循環相互促進的新發展格局已經刻不容緩。正像習近平總書記強調的那樣，「這決不是封閉的國內循環，而是更加開放的國內國際雙循環，不僅是中國自身發展需要，而且將更好造福各國人民」。中國內地市場正在形成強大的拉動中國經濟和世界經濟增長的力量，「中國有 14 億人口，中等收入群體超過 4 億，是全球最具潛力的大市場。預計未來 10 年累計商品進口額有望超過 22 萬億美元」[1]。中國成為了推動經濟全球化、遏制貿易保護主義、建立國際政治經濟新秩序的重要力量。

1　習近平在第三屆中國國際進口博覽會開幕式上的主旨演講（全文）. 新華網，2020-11-04.

| 小貼士 |

「一帶一路」倡議

「一帶一路」(The Belt and Road，B&R)是「絲綢之路經濟帶」和「21 世紀海上絲綢之路」的簡稱。

2013 年 9 月，習近平主席在哈薩克斯坦納紮爾巴耶夫大學發表演講，首次提出「絲綢之路經濟帶」的概念，他強調「為了使各國經濟聯繫更加緊密、相互合作更加深入、發展空間更加廣闊，我們可以用創新的合作模式，共同建設『絲綢之路經濟帶』，以點帶面，從線到片，逐步形成區域大合作」。同年 10 月，習近平主席在印度尼西亞國會發表演講時提出「中國願同東盟國家加強海上合作，使用好中國政府設立的中國 - 東盟海上合作基金，發展好海洋合作夥伴關係，共同建設 21 世紀『海上絲綢之路』」。由此形成了「一帶一路」倡議。

中國出口什麼產品到哪裏

2019 年，我國出口總額為 2.5 萬億美元，主要出口商品呈現「三多」特點：出口產品種類多、高新技術製成品多、紡織服裝鞋帽製成品多(見表 6-1)。出口地主要是美日歐等發達經濟體、亞洲發達地區和新興經濟體(見表 6-2)。

中國從哪裏進口什麼產品

2019 年，我國進口總額 2.08 萬億美元，進口產品主要呈現「三高」特點：原材料和零部件佔比高、能源佔比高、糧食和農產品佔比高。我國進口價值 200 億美元以上的大類商品及金額如表 6-3 所示。

表 6-1　2019 年出口價值 200 億美元以上的大類商品及其金額

（億美元）

商品名稱	金額	商品名稱	金額
機電產品	14 590.2	鞋類	477.0
高新技術產品	7 307.5	成品油	384.0
自動數據處理設備及其部件	1 655.3	燈具、照明裝置及零件	329.1
服裝及衣着附件	1 513.7	二極管及類似半導體器件	321.0
電話機	1 259.5	自動數據處理設備的零件	314.4
紡織紗線、織物及製品	1 202.0	玩具	311.4
集成電路	1 015.8	通斷保護電路裝置及零件	306.7
文化產品	998.9	箱包及類似容器	272.3
農產品	785.7	陶瓷製品	251.2
家具及其零件	541.0	液晶顯示板	214.2
鋼材	537.6	電線和電纜	204.8
汽車零配件	530.4	水海產品	203.3
塑料製品	483.1	船舶	203.0

說明：「機電產品」和「高新技術產品」包括本表中已列明的有關商品。

數據來源：中國海關總署，http://www.customs.gov.cn.

表 6-2　2019 年出口主要國家或地區總值

（億美元）

出口最終目的地	金額	出口最終目的地	金額
歐盟	4 287.0	韓國	1 110.0
美國	4 186.7	印度	748.3
東盟	2 789.5	中國台灣	550.8
中國香港	2 789.5	俄羅斯	497.4
日本	1 432.7	澳大利亞	482.0

數據來源：中國海關總署，http://www.customs.gov.cn.

表 6-3　2019 年進口價值 200 億美元以上的大類商品及其金額

（億美元）

商品名稱	金額	商品名稱	金額
機電產品	9 077.6	計量檢測分析自控儀器及器具	373.9
高新技術產品	6 376.5	醫藥品	357.2
集成電路	3 055.5	大豆	353.4
原油	2 413.2	銅礦砂及其精礦	339.1
農產品	1 498.8	未鍛軋銅及銅材	324.7
鐵礦砂及其精礦	1 014.6	自動數據處理設備及其部件	324.6
初級形狀的塑料	532.9	通斷保護電路裝置及零件	246.0
汽車	483.8	煤及褐煤	233.9
糧食	419.8	液晶顯示板	207.9
天然氣	417.2		

説明：「機電產品」和「高新技術產品」包括本表中已列明的有關商品。

數據來源：中國海關總署，http://www.customs.gov.cn.

產品進口來源主要是美日歐等發達經濟體、亞洲發達地區和新興經濟體（見表 6-4）。

表 6-4　2019 年進口主要國家或地區總值

（億美元）

進口原產地	金　額	進口原產地	金　額
東盟	2 820.4	美國	1 227.1
歐盟	2 766.0	澳大利亞	1 214.3
韓國	1 735.7	巴西	798.0
中國台灣	1 730.0	俄羅斯聯邦	610.5
日本	1 717.6	南非	259.2

數據來源：中國海關總署，http://www.customs.gov.cn.

中國進出口對經濟有多重要

對外開放是拉動中國經濟快速發展的重要力量。加入 WTO 後，中國的貿易依存度一路攀升至 2006 年的 72%（見圖 6-1），此後呈逐步回落態勢，但相比美國和日本，中國經濟對國際市場的依賴程度仍然較高。美國因其是消費主導型國家，貿易依存度一直較低。日本由於將產業大量轉移到國外，貿易依存度自然就低了。新加坡是自由港，轉口貿易是其支柱產業，因此貿易依存度非常高。

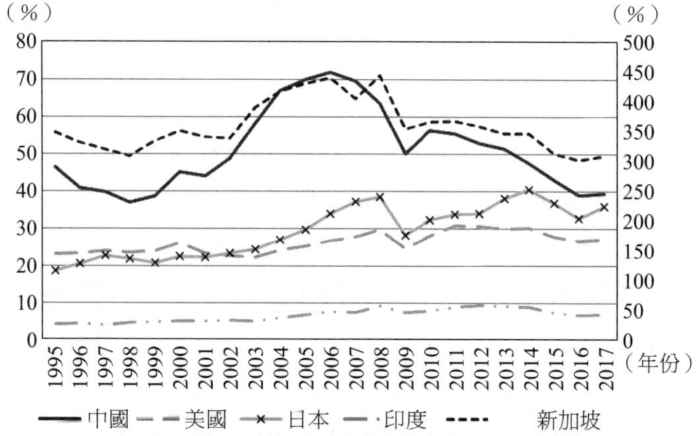

圖 6-1　1995—2017 年部分國家對外貿易依存度變化情況

數據來源：IMD, World competitiveness yearbook, 1997-2019.

| 小貼士 |

對外貿易依存度

對外貿易依存度是指國家或地區進出口總額與 GDP 的比值，用來衡量對外開放程度、經濟對國際市場的依賴程度。同理，進口總額與 GDP 的比值稱為進口依存度，出口總額與 GDP 的比值稱為出口依存度。

在實際計算其數值時，分數的分子一般是進口總額加出口總額，分母一般是 GDP 的 2 倍。

十大貿易夥伴

據中國海關總署的數據顯示，中國 2019 年進出口總額高達 4.58 萬億美元，超越美國，成為世界第一大貿易國。那麼，創造如此巨額的對外貿易額，中國內地的主要貿易夥伴是哪些國家或地區呢？

2019 年，美國與中國（不含港澳台）的貿易總額為 5 413.9 億美元，佔總貿易額高達 11.8%，是第一大貿易夥伴；日本排名第二，貿易總額是 3 150.3 億美元，佔比 6.9%；中國香港貿易總額為 2 880.3 億美元，佔比 6.3%。其餘分別是韓國、中國台灣、德國、澳大利亞、越南、馬來西亞和巴西（見圖 6-2）。

貿易盈餘和赤字的主要來源地

儘管中國總體處於貿易盈餘狀態，但部分地區已經出現較大貿易赤字。這是經濟發展和結構變化帶來的新特徵，有助於推動中國經濟走向世界。

中國海關總署的數據顯示，2019 年我國貿易進出口差額為 4 219.3 億美元，實現了貿易盈餘，其中貿易順差的國家或地區 178 個，貿易逆差的國家或地區 61 個。

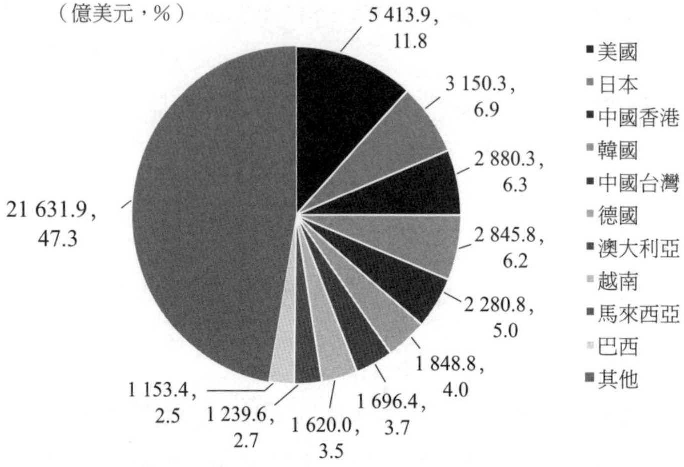

圖 6-2　2019 年中國內地十大貿易夥伴貿易總額及其佔比

數據來源：中國海關總署，http://www.customs.gov.cn.

中國內地貿易盈餘第一大來源是美國，2019 年貿易盈餘高達 2 959.6 億美元；中國香港以 2 698.6 億美元居第二位；貿易赤字第一大來源地區是中國台灣，2019 年赤字高達 1 179.2 億美元；對澳大利亞貿易赤字 732.3 億美元，近年來逐漸升高（見表 6-5）。

表 6-5　2019 年中國內地主要貿易盈餘和赤字國家或地區

（億美元）

排名	國家或地區	盈餘	國家或地區	赤字
1	美國	2 959.6	中國台灣	1 179.2
2	中國香港	2 698.6	澳大利亞	732.3
3	荷蘭	627.5	韓國	625.7
4	印度	568.4	巴西	442.5
5	英國	385.1	沙特阿拉伯	303.3

數據來源：中國海關總署，http://www.customs.gov.cn.

貿易赤字的地理分佈

在與其他國家或地區之間的貿易中，中國雖然能夠整體保有貿易盈餘，但亦有相當部分地區陷入赤字狀態。這些地區有兩類：一類是資源型國家或地區，如拉美、非洲、大洋洲、中東地區等，主要進口石油、天然氣、礦石和農產品;另一類是技術型國家或地區，如瑞士、德國、日本等，主要進口汽車、電子產品及其零部件。

這也從一個側面反映了中國經濟發展新階段的特點，那就是：一方面，中國要繼續保持經濟的中高速增長，就需要從國際市場進口發展所必需的石油、礦石等生產資料；另一方面，中國經濟面臨轉型升級的時代要求，需要從國際市場引進先進的技術裝備和高科技產品。

中國的自由貿易試驗區

自由貿易是全球化的重要理念，也是我國擴大開放的重要目標。這裏涉及兩個概念：一是在我國境內設置的自由貿易試驗園區，至 2019 年末共有 18 個自由貿易試驗區；二是國家或地區之間簽訂的雙邊或多邊自由貿易協定，進而形成協議區內部成員之間的關稅減免和貿易便利。

中國擴大對外開放的一個重要指標就是設立自由貿易試驗區。自由貿易試驗區指在國境內設立的，以優惠稅收和海關特殊監管政策為主要手段，以貿易自由化、便利化為主要目的的多功能經濟性特區。中國設立自由貿易試驗區是政府加快對外開放、打造中國經濟升級版的重要舉措，就是要營造一個符合國際慣例的、對內外貿易投資都具有國際競爭力的國際商業環境。目前，中國共有 18 個自由貿易試驗區，形成了東西南北中協調、陸海統籌的開放態勢，推動形成了我國新一輪全面開放格局（見表 6-6）。

表 6-6　中國自由貿易試驗區設置情況

批覆時間	自由貿易試驗區名稱
2013 年 9 月	中國（上海）自由貿易試驗區
2015 年 4 月	中國（廣東）、中國（天津）、中國（福建）自由貿易試驗區
2017 年 3 月	中國（遼寧）、中國（浙江）、中國（河南）、中國（湖北）、中國（重慶）、中國（四川）、中國（陝西）自由貿易試驗區
2018 年 9 月	中國（海南）自由貿易試驗區
2019 年 7 月	中國（上海）自由貿易試驗區臨港新片區
2019 年 8 月	中國（山東）、中國（江蘇）、中國（廣西）、中國（河北）、中國（雲南）、中國（黑龍江）自由貿易試驗區

資料來源：http://www.gov.cn/.

隨着開放程度的擴大，越來越多國家與中國建立了以自由貿易協定為基礎的自由貿易區。截至 2020 年 6 月，中國已簽署自貿協定 17 個，涉及 25 個國家或地區，正在談判的自貿協定 13 個，正在研究的自貿區 8 個，優惠貿易安排 1 個，為亞太貿易協定。

| 小貼士 |

自由貿易協定

自由貿易協定（Free Trade Agreement，FTA）是國家或地區之間簽訂的具有法律效力的協議，協議雙方形成自由貿易試驗區，在投資、貨物和服務貿易方面給予協議雙方優惠，如優惠關稅或零關稅等，促進貨物、服務與資本在雙方間自由流動，實現互利雙贏。自由貿易協定最突出的作用在於，大幅減少貿易雙方間的貿易壁壘，降低貿易成本。

全球主要自由貿易區

自由貿易區是一個國家對外開放的一種特殊通道，也是當今國際貿易的發展趨勢。建立自由貿易區，可以擴大和加深與夥伴地區之間的經濟合作，從而獲得互利雙贏的效果，同時有利於世界經濟的穩定發展。據不完全統計，全球已有 1 200 多個自由貿易區。

截至 2019 年底，我國共有 18 個自由貿易試驗區，上海自貿區於 2013 年 9 月正式成立，是我國真正意義上的第一個自由貿易試驗區，園區目前總面積為 120.72 平方公里。

美洲主要自由貿易區有 4 個，分別為美國紐約港自貿區、巴西馬瑙斯自貿區、巴拿馬科隆自貿區和智利伊基克自貿區。紐約港自貿區是美國面積最大的自貿區之一，面積為 8.4 平方公里。巴西馬瑙斯自貿區於 1967 年成立，從最初 1 萬平方公里逐漸向周邊輻射。巴拿馬科隆自貿區則是西半球最大的自貿區，全球第二大轉口站，1948 年成立，從初期 0.12 平方公里逐步發展到如今的近 3 平方公里。智利伊基克自貿區成立於 1975 年，佔地約 2.3 平方公里。

歐洲的主要自貿區有 3 個：愛爾蘭香農自貿區、德國漢堡自貿區和荷蘭鹿特丹自貿區。愛爾蘭香農自貿區在 1960 年圍繞香農機場開發，佔地約 2.43 平方公里。德國漢堡自貿區佔地約 16.2 平方公里，2013 年 1 月起關閉。

中東地區主要的自貿區是迪拜傑貝 - 阿里自由貿易區，其為阿聯酋最大的自貿區，1985 年成立，面積 135 平方公里。

亞洲其他主要自貿區有 4 個：中國香港自由港、新加坡自貿區、韓國仁川自貿區和釜山鎮海經濟自由區。其中，中國香港自由港的面積為 1 095 平方公里；韓國仁川自貿區約有 3.31 平方公里，釜山鎮海經濟自由區約 104 平方公里。

| 小貼士 |

上海自由貿易試驗區

中國（上海）自由貿易試驗區（China（Shanghai）Pilot Free Trade Zone），簡稱上海自由貿易區或上海自貿區，於 2013 年 9 月 29 日正式成立，面積 28.78 平方公里，是國務院批覆的第一個自由貿易試驗區。

2014 年 12 月 28 日全國人大常委會授權國務院擴展中國（上海）自由貿易試驗區區域，將面積擴展到 120.72 平方公里。2015 年，上海自貿區成為世界自由貿易區聯合會榮譽會員。

全球都在用什麼貨幣結算

2016 年 10 月 1 日人民幣被正式納入國際貨幣基金組織特別提款權貨幣籃子，人民幣國際化進程取得了重要進展。據國際支付體系環球銀行金融電信協會（SWIFT）統計，2019 年 12 月人民幣在全球貿易中使用佔比為 1.94%，與加元佔比相近，成為世界第六大支付貨幣。但是，人民幣在全球貿易轉賬支付中佔比仍然遠低於美元（42.22%）和歐元（31.69%）（見表 6-7），並且其中 75% 的人民幣是在中國香港地區使用的。人民幣真正國際化仍有很長一段路要走。

表 6-7　2019 年 12 月世界幾類重要貨幣在全球貿易中的使用佔比

排　名	貨　幣	佔比（%）
1	美元（USD）	42.22
2	歐元（EUR）	31.69
3	英鎊（GBP）	6.96
4	日元（JPY）	3.46
5	加拿大元（CAD）	1.98
6	人民幣（CNY）	1.94
7	澳大利亞元（AUD）	1.55
8	瑞士法郎（CHF）	0.78

數據來源：SWIFT, https://www.swift.com.

| 小貼士 |

特別提款權貨幣籃子

特別提款權（Special Drawing Right，SDR）是國際貨幣基金組織創設的一種儲備資產和記賬單位，它依據各國在國際貨幣基金組織中的份額進行分配，是國際貨幣基金組織分配給成員的一種使用資金的權利，可以供成員平衡國際收支，是國際儲備的組成部分。

特別提款權的價值目前由 5 種貨幣決定，即由美元、歐元、人民幣、日元和英鎊的加權匯率水平進行計算，這 5 種貨幣被納入特別提款權貨幣籃子。人民幣於 2016 年 10 月 1 日加入特別提款權貨幣籃子，是最新加入的幣種，標誌着人民幣的國際認可程度提高。

能源資源

「柴米油鹽」第一件

chapter 7

7

我國取得的經濟成就令世界矚目。中國經濟像一輛高速運行的火車，而能源則為其輸送源源不斷的動力。經濟高速發展的同時，中國已經成為世界上最大的能源生產、消費國，形成了煤炭、電力、石油、天然氣、新能源、可再生能源全面發展的能源供應體系，在國際能源市場上的地位愈發重要。但是能源結構不合理、對外依存度高、傳統能源儲量有限、環境污染等問題也越來越困擾着我國經濟發展和人民生活，阻礙經濟、社會、生態環境的可持續發展。2018 年，中國再次超過美國成為全球最大原油淨進口國，石油和天然氣的對外依存度分別高達 69.8% 和 45.3%。同時，煤炭消費量居高不下，2018 年我國煤炭消費量為 38.3 億噸，相當於世界其他國家煤炭消費量的總和。由於大量使用化石燃料，特別是煤炭，我國環境污染問題也日益嚴重，這也引起了政府和居民的高度重視。

面對能源領域出現的問題，國家正在逐步採取措施調整能源結構，降低煤炭比例，加大新能源的使用。2016 年，我國各類型可再生能源發電量總計達到 16 979 億千瓦時，其發電量佔全部發電量的比重達 26.5%，相當於節省了 55 225 萬噸標準煤。目前，中國已成為全球最大的清潔能源投資國，但可再生能源所佔比例仍然較低。控制煤炭消費總量，加大開發、利用清潔能源力度，進行能源結構調整，加大能源基礎設施建設投入，提高能源使用效率，將是未來我國能源的發展方向。

能源大國

中國是世界上生產能源最多的國家，也是世界上消費能源最多的國家，是名副其實的能源大國（見表 7-1）。我國一直將能源確定為經濟發展的戰略重點，放在優先的位置。從表 7-2 提供的全球 GDP 排名與能源消費量排名中也可以看出，能源是 GDP 增長的強大動力，GDP 最高的十個國家在全球能源消費榜中排前 15。

表 7-1　2016 年能源生產消費前 10 的國家（百萬噸標準石油當量）

排名	國家	能源生產量	國家	能源消費量
1	中國	2 360.5	中國	1 969.4
2	美國	1 915.7	美國	1 515.0
3	俄羅斯	1 373.7	印度	572.3
4	沙特阿拉伯	670.6	俄羅斯	469.8
5	印度	557.5	日本	294.0
6	加拿大	475.7	巴西	224.3
7	印度尼西亞	434.3	德國	223.9
8	澳大利亞	390.5	加拿大	191.4
9	巴西	283.3	韓國	178.7
10	阿聯酋	236.7	印度尼西亞	164.7

數據來源：IMD, World competitiveness yearbook, 2019.

對於推動我國能源生產和消費革命，習近平總書記提出了五點要求：推動能源消費革命，抑制不合理能源消費。推動能源供給革命，建立多元供應體系。推動能源技術革命，帶動產業升級。推動能源體制革命，打通能源發展快車道。全方位加強國際合作，實現開放條件下能源安全。[1]

1　習近平 . 習近平談治國理政 . 北京：外文出版社，2014：131.

表 7-2　2016 年全球 GDP 排名與能耗排名

GDP 排名	國家名稱	能源消耗排名
1	美國	2
2	中國	1
3	日本	5
4	德國	7
5	英國	13
6	法國	11
7	印度	3
8	意大利	15
9	巴西	6
10	加拿大	8

數據來源：IMD, World competitiveness yearbook, 2019.

能源結構

能源結構是指各類能源消費量佔總能源消費量的比例。2018 年我國能源消費總量達 46.4 億噸標準煤，比 2017 年增長 3.3%，增速創 5 年來新高。其中煤炭、石油、天然氣、其他新能源所佔比例分別為 58%、20%、7%、15%（見圖 7-1）。

煤炭消費方面，中國既是世界上最大的煤炭生產國家，也是最大的煤炭消費國家，2018 年我國煤炭消費量相當於世界其他國家煤炭消費量的總和（見圖 7-2）。

石油消費方面，2017 年、2018 年中國連續兩年超越美國，成為全球最大原油淨進口國，石油對外依存度高達 69.8%。

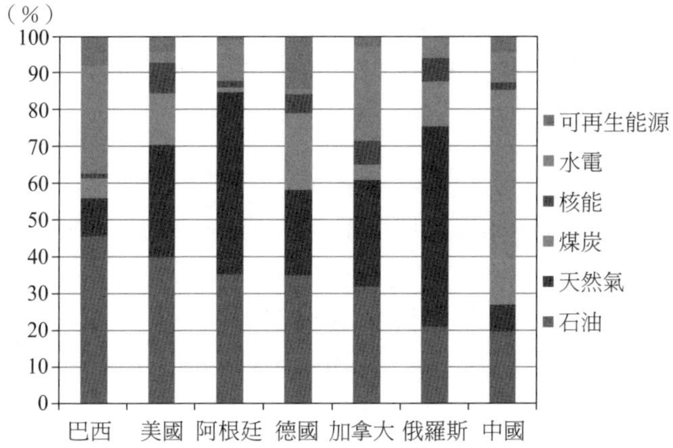

圖 7-1　2018 年部分國家能源消費結構比較

數據來源：《2019 BP 世界能源統計年鑒》。

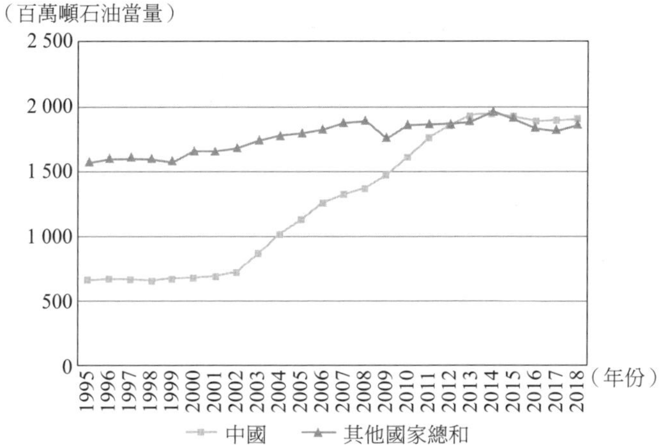

圖 7-2　1995—2018 年中國同世界其他國家煤炭消費量比較

數據來源：《2019 BP 世界能源統計年鑒》。

天然氣消費方面，中國已成為世界最大的天然氣進口國和全球第三大天然氣消費國（排在美國、俄羅斯之後），2018 年天然氣對外依存度達到 45.3%。但天然氣在能源消費中所佔比例並不高，天然氣在全球範圍佔能源消費的 23.9%，但在我國的能源消費中只佔 7.4%，離國際平均水平還有較大的一段差距。

| 小貼士 |

能源對外依存度

一個國家能源淨進口量佔本國能源消費量的比例，體現了一國能源消費對國外能源的依賴程度。

能源對外依存度不僅體現能源生產和消費的相對比例，還是涉及國家安全的重要因素。

重視煤炭的環境成本

煤炭的環境成本指的是煤炭開採、加工、儲存、運輸、消費過程對環境造成的各種損害成本，其中包括氣候變化、空氣污染、水污染、土地破壞等各類環境問題成本。

長久以來，我國的能源極大地依賴煤炭，煤炭消費量佔總能源消費的六成以上，2018 年這一比例首次下降到 60% 以下，可以說煤炭是中國經濟高速發展的能源基礎。但是對煤炭資源的開發利用背後隱藏着巨大的環境成本。煤炭在開採運輸和使用過程中產生的廢水廢氣廢渣對環境、經濟、社會以及人們的身心健康帶來了很大危害。2018 年全國 39 億噸煤炭消費中，非電工業領域耗煤量達 18 億噸；鋼鐵、建材消費了近三成的煤炭消費量，產生了工業煙塵一半以上的排放量、近 40% 的一次 PM2.5 污染物。

近些年來，我國開始出現大範圍霧霾天氣，霧霾開始為人們所重視。霧霾現象成因複雜，但普遍認為化石燃料，特別是煤炭是其主要的污染源。為此，國家全面實施散煤綜合治理，全部淘汰落後產能，加大燃煤電廠超低排放和節能改造力度，推進煤炭洗選和提質加工。同時推進北方冬季清潔取暖，以電代煤，以氣代煤。

新能源及可再生能源

傳統能源如石油、煤炭等屬於非再生能源，儲量有限，而且在使用過程中會引起一系列環境和社會問題，世界各國都在大力減少傳統能源的利用。開發新能源（可再生能源和清潔能源）已經成為國際熱點問題。

新能源指的是傳統能源之外的能源，常見的有風電、水電、太陽能、生物質能、地熱能、海洋能等，具有污染小、儲量大的特點，但大多處於開發階段，暫未能大量投入使用。新能源大部分屬於可再生資源，因為具備再生性和清潔性，得到了各國政府極大的青睞。

從能源生產看，我國可再生能源發電裝機容量和發電量穩定持續增長。自 2008 年以來，我國水電發電量佔比一直保持在總發電量 16%～19% 的水平，其他可再生能源發電量佔比自 2013 年以來快速提升。2019 年，我國各類型可再生能源發電量總計達到 1.93 萬億千瓦時，發電量佔全部發電量的比重達 26.4%，其中水電佔比為 17.8 個百分點，其他可再生能源佔比達到 8.6 個百分點（見圖 7-3）。

從一次能源消費佔比看，2018 年我國可再生能源消費佔比已經高於世界平均水平，也高於美國、日本等發達國家的水平（見圖 7-4）；但考慮到我國能源消費總量巨大，佔到全球能源消費的 23.6%，是美

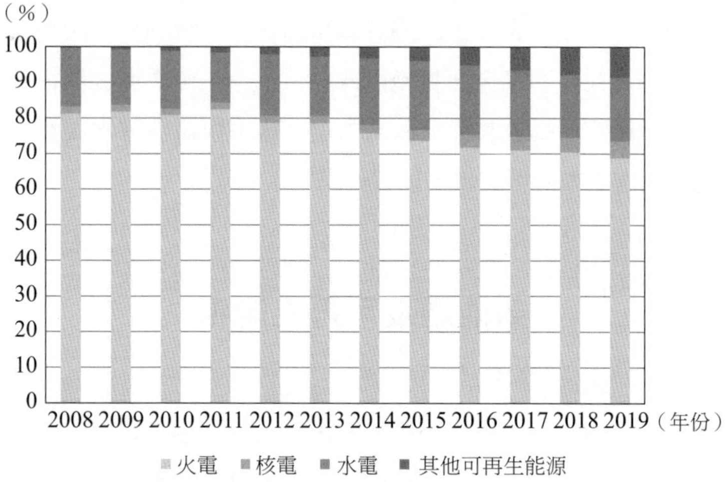

圖 7-3　2008—2019 年我國可再生能源發電量佔比

數據來源：中國電力企業聯合會，www.cec.org.cn.

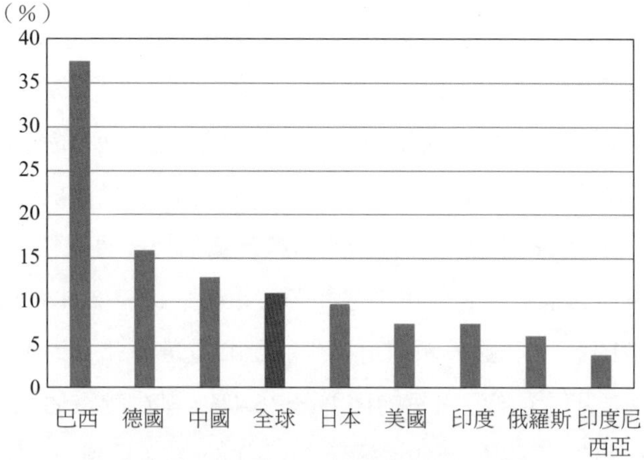

圖 7-4　2018 年部分國家可再生能源佔一次能源消費比重（含全球平均水平）

數據來源：《2019 BP 世界能源統計年鑒》。

國的 1.4 倍、日本的 7.2 倍、德國的 10.1 倍，提高可再生能源消費佔比、減少能源消費帶來的碳排放和污染仍有很大壓力。

風電和光伏發電

20 世紀 80 年代起，我國開始發展風力發電技術。2018 年我國風電累計裝機容量位居世界榜首，高達 211.4GW（功率單位：千兆瓦），貢獻遠大於其他國家（見表 7-3）。排名前十的國家累計裝機容量佔全球風電裝機容量的 81.4%。

表 7-3　2018 年風電累計裝機容量排名前十的國家

（GW）

國　家	容　量	排　名
中國	211.4	1
美國	96.6	2
德國	59.5	3
印度	35.1	4
英國	30.0	5
西班牙	22.7	6
法國	15.3	7
巴西	14.7	8
加拿大	12.8	9
意大利	11.4	10

數據來源：GWEC, Global wind report, 2018.

光伏發電是目前利用太陽能發電的主要方式。我國光伏發電發展迅速，2018 年，我國持續引領全球光伏市場發展，以 174.46GW 累計裝機容量連續 3 年成為全球光伏發電裝機容量最大國家，比 2017 年增長 34%。日本和美國分別以 55.50GW 和 51.45GW 的累計裝機容量排名全球第二、第三位。

中國需要頁岩氣革命和可燃冰

頁岩氣是蘊藏於頁岩層的天然氣資源。美國是最早發現、研究、勘測和開發頁岩氣的國家。從 2000 年起，美國大力發展頁岩氣，在本國引發了頁岩氣革命，天然氣產量迅速增長。2010 年美國已經超越俄羅斯，成為全球最大天然氣生產國。

中國是頁岩氣儲量較大的國家，據國土資源部 2015 年 4 月介紹，到 2014 年，中國累計探明頁岩氣地質儲量 5 441.29 億方。美國能源部的報告中顯示，中國擁有世界上數量最多的頁岩氣資源。但我國頁岩氣開發剛剛起步，面臨着理論、技術、環境、成本等一系列問題，僅以環境問題而論，頁岩氣開採需要大量的水，但是據研究，中國 3/5 的頁岩氣資源都位於水資源缺乏的地區，開採難度很大。儘管如此，我國通過技術可開採的頁岩氣地質儲量仍排在全球第一位（見表 7-4）。

中國的可燃冰儲量巨大，主要分佈在南海海域、東海海域、青藏高原凍土帶以及東北凍土帶。2017 年 5 月，中國在南海海域試開採可燃冰成功，成為世界上第一個實現在海域試開採獲得穩定產氣的國家。

表 7-4　技術可開採頁岩氣地質儲量前十的國家

（萬億立方米）

排　名	國　家	儲　量
1	中國	31.57
2	阿根廷	22.71
3	阿爾及利亞	20.02
4	美國	18.83
5	加拿大	16.23
6	墨西哥	15.43
7	澳大利亞	12.37
8	南非	11.04
9	俄羅斯	8.07
10	巴西	6.94

數據來源：美國能源信息署（EIA），www.eia.gov.

| 小貼士 |

頁岩氣

通俗地説，頁岩氣就是儲藏在頁岩層或泥岩層中的天然氣，和我們平常所用天然氣的主要成分相同，只是開發難度更大，開發成本更高。2014 年 7 月，國土資源部評審後認定我國涪陵頁岩氣田為典型的優質海相頁岩氣，探明含氣面積 1 067.5 億立方米，標誌着我國首個大型頁岩氣田正式誕生。

能源戰略通道

與我國經濟規模和人口數量相比，我國油氣資源並不富裕，對國際市場的依賴程度還很深，能源安全形勢比較嚴峻。但是，近些年來取得了很大改善。2013 年 7 月，中緬天然氣管道投產試行，標誌着我國中亞油氣管道（西北）、中俄原油管道（東北）、中緬油氣管道（西南）和海上通道（經過馬六甲海峽）四大能源進口戰略通道格局基本成型。四大能源戰略通道的佈局，降低了對馬六甲海峽和南海通道的依賴，極大改善了我國的能源環境。

2018 年中國油品主要來源地區及進口量如表 7-5 所示。

表 7-5　2018 年中國油品主要來源地區及進口量

（百萬噸）

原油		成品油	
來源地區	進口量	來源地區	進口量
中東	203.1	新加坡	7.4
西非	71.9	日本	2.6
俄羅斯	71.6	亞太地區	34.9
中南美洲	62	中東	20.1
亞太地區	13.2	美國	6.2
美國	12.3	俄羅斯	2.3
其他	30.4	其他	8.4
合計	464.5	合計	81.9

數據來源：《2019 BP 世界能源統計年鑒》。

能源基礎設施

能源基礎設施建設對我國經濟的持續增長具有重要意義。近些年來，我國能源基礎設施獲得快速發展和提升，建立了全面完善的以水電為主，地熱、風能、太陽能等多能互補的新型能源體系。2019 年我國能源基礎設施評分為 8.45，排名第 14 位，與主流發達國家差距不斷縮小，明顯優於多數轉型國家和發展中國家（見圖 7-5）。

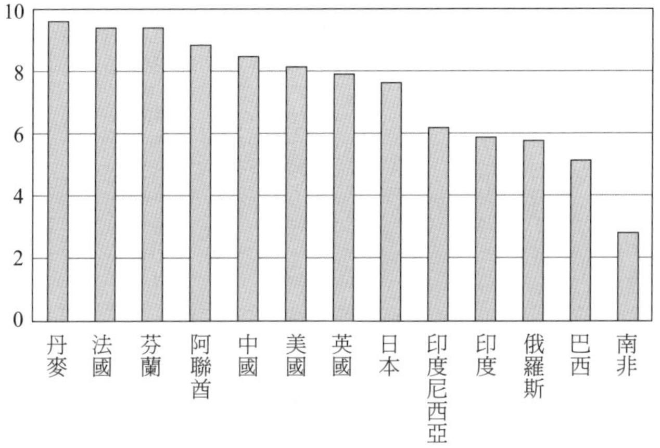

圖 7-5　2019 年部分國家能源基礎設施評價得分（1～10 分）

數據來源：IMD, World competitiveness yearbook, 2019.

可持續發展，企業能否自我約束

可持續發展理念的提出是針對能源環境的壓力，這不僅是國家戰略，更應成為企業發展的首要選擇。對於這一點，我國企業的認同度有待加強。可喜的是，2005—2019年，我國企業的認同度在近十年時間裏基本保持了上升趨勢，好於巴西、印度等其他發展中國家的情況（見表7-6）。

表7-6　2005—2019年部分國家企業認同度

國家	2005	2010	2015	2019
中國	5.68	5.46	5.74	6.55
德國	7.15	7.19	7.45	7.16
日本	7.06	7.81	8.12	8.11
美國	6.14	6.22	5.87	5.42
俄羅斯	5.14	4.26	4.83	4.86
印度	6.20	5.42	4.50	5.45
印度尼西亞	4.62	6.06	6.04	6.62
巴西	5.51	5.54	4.26	4.09
馬來西亞	7.33	7.21	6.81	6.83

數據來源：IMD, World competitiveness yearbook, 2019.

金融
一個「高大上」的行業

chapter 8

8

1993 年國務院做出關於金融體制改革的決定，提出我國金融體制改革的目標。多年來，我國金融市場改革有序、穩步向前推進。國有銀行順利上市，根據標準普爾全球市場研究機構發佈的截至 2019 年 4 月的全球銀行資產排名，中國四大國有銀行包攬前四名，中國工商銀行以 4.03 萬億美元資產問鼎。金融市場功能日趨完善，銀行間、外匯、證券等市場持續向前發展，市場參與主體不斷擴大，市場基礎建設不斷加強，市場的監管機制也在不斷完善。利率匯率改革仍在進行中，人民幣國際化或將推動改革進一步深化。當然儘管我國金融改革已取得很多成就，但無法否認金融市場還存在不少問題。

全球最大銀行

中國現有的銀行體系是 1949 年之後逐步確立起來的。改革開放以來，中國銀行業取得了快速發展。這可以從以下三個方面看出：第一，國有商業銀行股份制改革取得突破，2010 年中國農業銀行成功上市，標誌着大型國有商業銀行股份制改革順利完成。第二，中國商業銀行規模持續擴大，2019 年，中國工商銀行連續 7 年保持全球一級資本最大銀行桂冠，中國的四大商業銀行包攬全球前四名（見表 8-1）。

表 8-1　2019 年全球一級資本最大銀行前十位

（10 億美元）

排名	銀行名稱	國家	一級資本
1	中國工商銀行	中國	337.5
2	中國建設銀行	中國	287.5
3	中國農業銀行	中國	242.9

（續表）

排名	銀行名稱	國家	一級資本
4	中國銀行	中國	230.0
5	摩根大通銀行	美國	209.1
6	美國銀行	美國	189.0
7	美國富國銀行	美國	167.9
8	美國花旗銀行	美國	158.1
9	滙豐銀行	英國	147.1
10	三菱東京日聯銀行	日本	146.7

數據來源：www.thebanker.com.

第三，中國商業銀行經營效益明顯，特別是在 2008 年國際金融危機之後，發達國家銀行業多不景氣，而中國銀行業保持了持續快速的規模和利潤增長，2018 財報年度，中國銀行業創造了全球銀行業近 1/3 的利潤（見表 8-2）。

表 8-2　2018 年全球銀行業利潤排行榜

國家或地區	稅前總利潤（10 億美元）	佔比（%）
中國	312	27.5
美國	255	22.5
歐元區	139	12.2
英國	44	3.9
日本	40	3.5
全球	1 135	100.0

數據來源：www.thebanker.com.

| 小貼士 |

一級資本

一級資本又稱核心資本，是衡量商業銀行資本是否充足的指標，也是衡量商業銀行業務發展能力和風險承受能力的指標。

中央銀行的職能和作用

當今大多數國家都存在中央銀行或者類似中央銀行的金融管理機構，這些機構均處於各國金融體系的核心地位。中國人民銀行是我國的中央銀行。中央銀行有三項主要職能：代表國家制定和執行貨幣政策，並監管金融市場和金融機構；代表國家發行主權貨幣，調節貨幣流通；為商業銀行和其他金融機構提供服務與支持。

我國中央銀行在經濟運行中起着非常重要的作用。按照一些金融專家的觀點，與其他國家相比，我國中央銀行對經濟的影響力得分及其排名有待提升（見表 8-3）。

匯率：貨幣的價格

匯率是兩種貨幣之間的相對價格，可以理解為用一種貨幣購買另一種貨幣時的價格。影響匯率變動的主要因素是貿易差額。此外資本的流入流出差額、各國之間的利率差異、通貨膨脹率、人們的心理預期和政府對匯率的干預等都是影響匯率變動的重要因素。

匯率走勢反映了一國經濟發展綜合狀況。2018 年，我國匯率相對於 SDR 變動的穩定度較高，在全世界排名第八位（見表 8-4）。國際上總有一些人說中國政府操縱匯率，這是沒有根據的無端指責，是站不住腳的。

表 8-3　2019 年中央銀行對本國經濟的影響力得分及其排名

排名	國家	中央銀行名稱	得分
1	智利	智利中央銀行	8.20
2	新加坡	新加坡金融管理局	8.00
3	秘魯	秘魯中央儲備銀行	7.88
4	阿聯酋	阿聯酋中央銀行	7.74
5	卡塔爾	卡塔爾中央銀行	7.60
6	菲律賓	菲律賓中央銀行	7.51
7	荷蘭	荷蘭中央銀行	7.50
8	丹麥	丹麥中央銀行	7.50
9	澳大利亞	澳大利亞聯邦儲備銀行	7.46
10	挪威	挪威銀行	7.43
23	美國	美國聯邦儲備委員會	6.92
36	中國	中國人民銀行	6.42

數據來源：IMD, World competitiveness yearbook, 2019.

表 8-4　2018 年部分國家匯率穩定度

排名	國家	相對於 SDR 變動
1	加拿大	0.004
2	新加坡	0.006
3	馬來西亞	0.009
4	瑞士	0.011
5	羅馬尼亞	0.011
6	澳大利亞	0.013

（續表）

排名	國家	相對於 SDR 變動
7	挪威	0.014
8	中國	0.014
9	哥倫比亞	0.014
10	秘魯	0.015
11	阿聯酋	0.019
12	卡塔爾	0.019
13	美國	0.019
14	約旦	0.019
15	沙特阿拉伯	0.019

說明：秘魯為 2017 年數據。

數據來源：IMD, World competitiveness yearbook, 2019.

股票市場：國民經濟的晴雨表

股票市場的容量和交易反映了國家或地區的經濟現狀，常常成為經濟的「晴雨表」。2018 年，我國內地股市資本額僅次於美國和日本，但在 2019 年的股市效率評價中得分不高（見表 8-5、表 8-6）。

| 小貼士 |

中國的股票市場

早在清朝同治年間，中國即開始出現股票。1869 年中國第一家從事股票買賣的證券公司成立。1872 年，中國第一家股份公司——輪船招商局向社會公開招股。1918 年 6 月，北京證券交易所營業，這是中國人創辦的第一家證券交易所。

表 8-5　2018 年部分國家或地區股市資本額及其佔 GDP 比重

國家或地區	資本額（10 億美元）	佔 GDP 比重（%）
美國	23 646.40	115.38
日本	5 276.70	106.23
中國內地	4 279.00	31.44
中國香港	4 076.90	1 123.13
英國	3 041.10	107.64
法國	2 451.60	88.42
加拿大	2 233.30	130.49
印度	2 112.20	75.81
德國	2 056.00	51.44
瑞士	1 559.20	221.55
韓國	1 542.70	95.26

數據來源：IMD, World competitiveness yearbook, 2019.

表 8-6　2019 年部分國家或地區股市效率評價得分

排名	國家或地區	得分
1	美國	8.43
3	中國香港	8.11
8	泰國	7.30
11	德國	7.20
14	新加坡	6.99
18	日本	6.71
26	印度	6.39
40	中國內地	4.91
48	巴西	4.47
55	俄羅斯	3.65

數據來源：IMD, World competitiveness yearbook, 2019.

改革開放以來，中國積極發展股票市場。1984 年，集體企業和國營小企業開始允許職工入股，更多企業開始進行股份制試點改革。同年 7 月，北京天橋百貨股份有限公司向社會公開發行股票，是新中國第一家股份有限公司。1987 年 9 月，第一家專業證券公司——深圳特區證券公司正式成立。1991 年 4 月 3 日，深圳證券交易所以 100 為基點開始編制股票市場綜合指數，即深證綜指。1991 年 7 月 15 日，上海證券交易所開始公佈以 1990 年 12 月 19 日為 100 點的上證綜指。至此，我國境內兩大證券交易所步入正軌，形成我國境內的主要股票市場。

香港聯合交易所位於中國香港特別行政區，是全球最有影響力的股票交易市場之一。香港聯合交易所成立於 1980 年，在逐步合併當時香港 4 所證券交易所後，於 1986 年 4 月 2 日開始營業，並快速發展成為了吸引全球資本的重要股票市場。

國家投資風險

當一國企業或者政府打算對外國投資或者與別國進行貿易時，必定會考慮該投資或貿易活動是否安全，這時，衡量一個國家的整體風險就變得很重要。位於瑞士洛桑的國際管理發展學院（International Institute for Management and Development，IMD）根據世界三大權威性的專業信用評級機構穆迪投資服務公司、惠譽國際信用評級有限公司和標準普爾公司的主權信譽評級，計算了國家綜合信譽指數，用於識別跨國投資風險，德國、加拿大、新加坡等發達國家信譽指數達到 60 分的最高分，我國信譽指數為 48 分，處於中等偏上水平，略高於日本（見圖 8-1）。

2008 年國際金融危機，引發了部分歐洲發達國家主權債務危機，極大地影響了國家信譽，抬高了其政府和境內企業的融資成本。根據《歐洲貨幣論壇》（*Euromoney*）的評估，歐洲債務危機前後，部分國家風險陡升，國家風險得分明顯下降，以希臘最為明顯（見圖 8-2）。

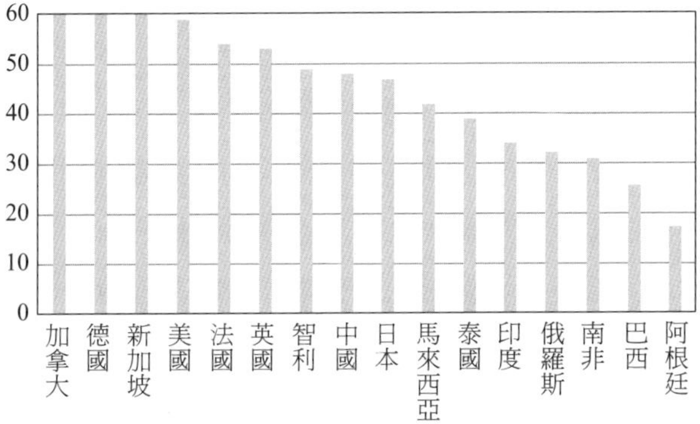

圖 8-1　2018 年 IMD 國家綜合信譽指數（1～60 分）

數據來源：IMD, World competitiveness yearbook, 2016.

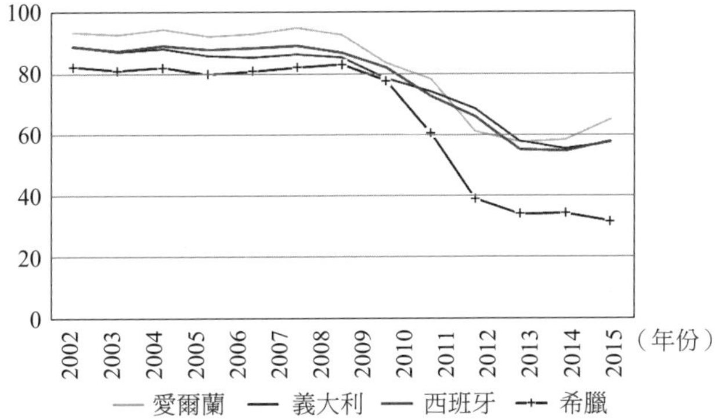

圖 8-2　2002—2015 年深陷歐債危機部分國家風險得分（0～100 分）變化情況

數據來源：IMD, World competitiveness yearbook, 2003-2016.

外匯儲備：金融危機的防火牆

外匯儲備的功能很多，例如當金融危機到來本國貨幣被大量拋售時，國家可以用外匯儲備購買本國貨幣，以穩定本幣幣值。

我國是世界上外匯儲備最多的國家，並且於 2008—2014 年呈現出較高的增長速度，自 2015 年以來外匯規模保持平穩。2019 年 12 月末我國外匯儲備 3.107 9 萬億美元，是排名第二的日本的兩倍以上。圖 8-3 顯示了 2008—2018 年部分國家外匯儲備額變動情況。外匯儲備是維護國際收支平衡，應對全球金融危機的重要工具，但也並非越多越好。大量的外匯儲備由中央銀行投放基礎貨幣購買形成，即有相應金額的人民幣並非由於經濟發展，而僅由於形成外匯儲備而投放市場，形成所謂的外匯佔款，是我國貨幣超發的重要途徑。此外，持有巨額外匯儲備還須承擔匯率變化和外匯發行國危機等成本，我國外匯儲備流程如圖 8-4 所示。

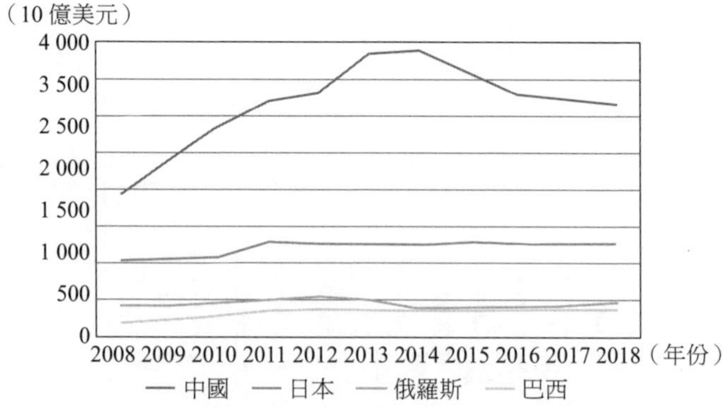

圖 8-3　2008—2018 年部分國家外匯儲備額變動情況

數據來源：IMD, World competitiveness yearbook, 2009-2019.

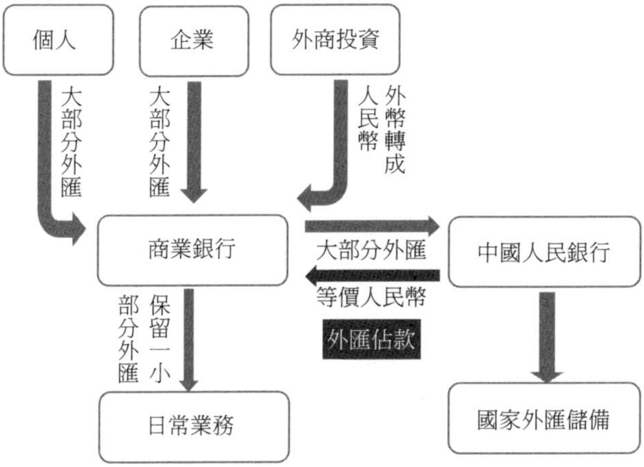

圖 8-4　國家外匯儲備流程圖

| 小貼士 |

外匯儲備

外匯儲備，又稱外匯存底，是一個國家或經濟體的中央銀行持有並可隨時兌換他國貨幣的資產。狹義的外匯儲備指一個國家或經濟體的外匯累積；廣義而言，指其持有以外匯計價的總資產，包括外匯現鈔、黃金、國外貨幣債券或政府債券等。外匯儲備是一個國家或經濟體國際清償力的重要組成部分，同時對於平衡國際收支、穩定匯率有重要影響。

金融服務

在當今社會，金融服務已滲透到居民生活的方方面面，如存錢、貸款、刷卡購物、購買保險、購買理財產品、網上支付等等。國家、企業、個人都在享受金融服務帶來的便利。高效、安全、穩定的金融服務非常重要。從 IMD 的評估來看，我國銀行和金融機構提供服務的效率有待提高，監管有待加強（見圖 8-5、圖 8-6）。

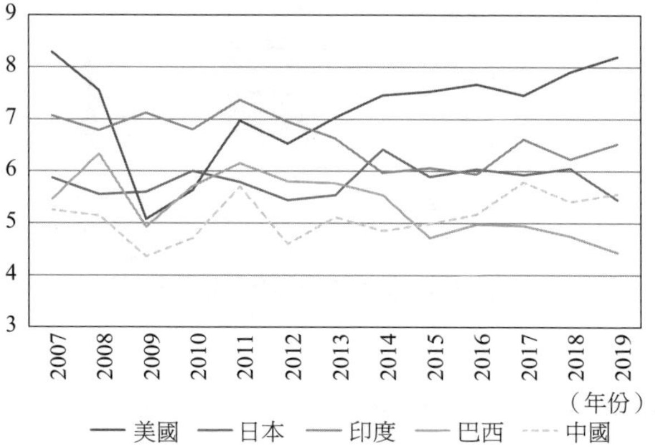

圖 8-5　部分國家銀行和金融服務效率得分（1～9 分）變化情況

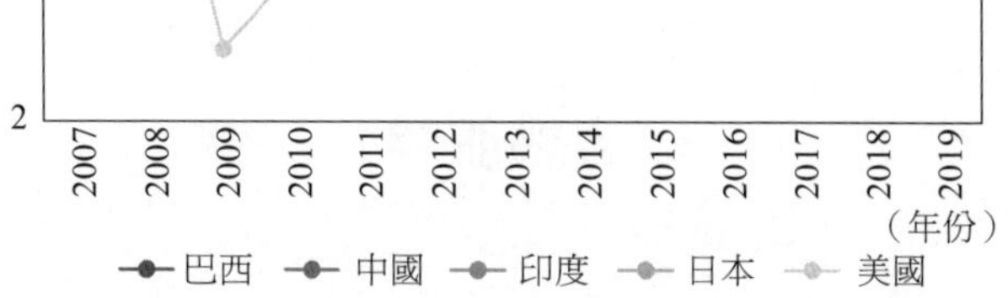

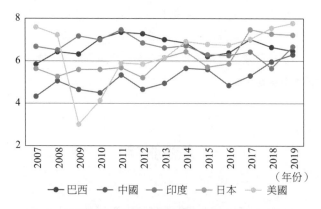

圖 8-6　部分國家銀行和金融監管得分（1～8 分）變化情況

數據來源：IMD, World competitiveness yearbook, 2007-2019.

資本成本

資本成本指的是企業使用資本時需要付出的利息、費用和股息等。較低的資本成本有利於實體經濟和企業發展。通常政局穩定、經濟形勢良好和金融市場成熟的國家或地區的企業資本成本較低。

近些年，我國資本市場波動較大，投資風險高，企業資本成本較高。2019 年我國資本成本有利於經濟發展的得分僅 3.98，而歐美發達國家的得分遠高於中國（見圖 8-7）。

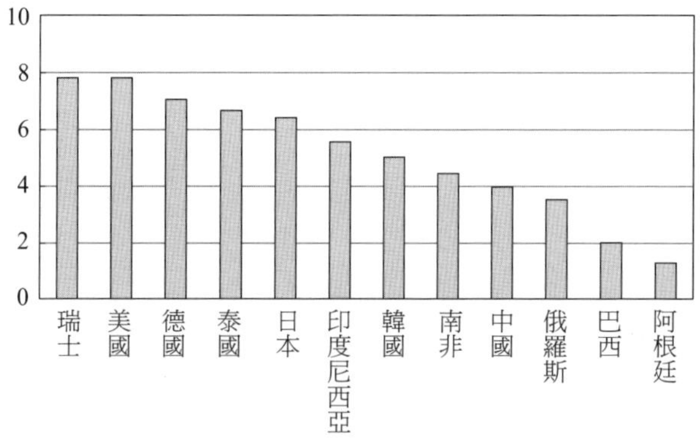

圖 8-7　2019 年資本成本對經濟影響力得分（1～10 分）情況

數據來源：IMD, World competitiveness yearbook, 2019.

基礎設施

每天都在用

chapter 9

9

基礎設施指的是為社會生產和居民生活提供公共服務的工程設施。廣義的基礎設施既包括公路、鐵路、水運、航空、通信、供電、供水等生產生活所需基礎設施，也包括教育、醫療、科技、體育及文化等社會基礎設施。基礎設施既關係到建設與發展，也關係到民生，是經濟社會發展的基礎和必備條件，同時也關係到人們生活的方方面面。

我國基礎設施過去由於起點低、欠賬多，發展不均衡，總體上比較落後。改革開放以來，經濟快速增長保障了基礎設施投資穩定增長，我國的基礎設施建設取得了舉世矚目的成就。中國民航已經是世界第二大航空運輸系統，全球十大港口有七個在中國。我國信息技術發展飛速，已成為世界上網民最多的國家，2020 年 3 月中國網民數達到 9.04 億。我國科技投入力度不斷加大，2018 年聯合國教科文組織發佈的報告指出，中國研發支出位居全球第二，僅次於美國，佔全球支出總量的 20% 以上。硬件基礎設施快速發展的同時，我們仍須注意到我國創新能力不足，網速慢，公路鐵路密度同發達國家相比仍有差距，水運航空運載能力不足，基礎設施維護不到位、使用效率不高等問題還比較突出。中國在基礎設施建設方面，特別是在服務效率方面還需要不斷挖掘潛力，我國的基礎設施建設大有可為。

要想富，先修路

公路、鐵路等基礎設施投資是我國投資的重點。有數據表明，基礎設施資本存量過去 20 多年來保持了年均 10% 左右的增速。近年來我國大規模投資公路、鐵路建設，成功打造了四通八達的陸上交通網絡，構建了全球最大的高速鐵路網絡，極大地提升了客運和貨運能力。相比 1978 年，2019 年我國公路里程接近當時的 5.5 倍，鐵路運營里程是當時的 2.7 倍。圖 9-1 顯示了 1995—2019 年我國公路、鐵路里程變化情況。

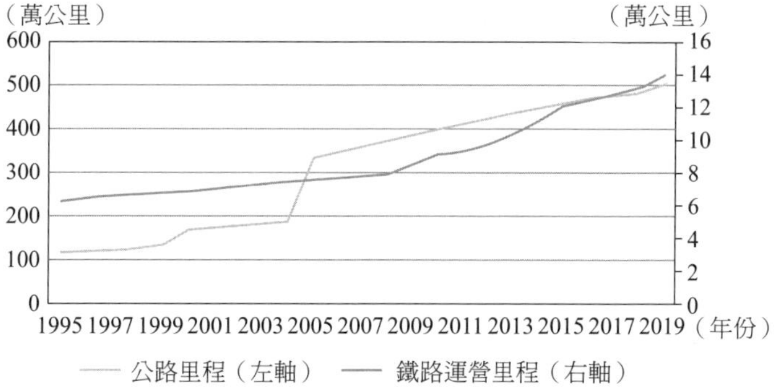

圖 9-1　1995—2019 年我國公路、鐵路里程變化情況

特別需要提及的是，我國的高速鐵路建設發展迅速，其技術水平和建設速度已經吸引了許多國家的關注。中國最早的高速鐵路是京津城際和武廣高鐵，分別於 2008 年和 2009 年開通運營。到 2019 年，中國高鐵運營里程已經超過 3.5 萬公里，佔全球高鐵運營里程的 60% 以上。

但是也要看到，1995—2016 年我國公路、鐵路密度與發達國家特別是與美國比較還存在不小的差距（見圖 9-2、圖 9-3）。此外，我國鐵路密度和人均公路長度只相當於七國集團的 24%，按照現有發展速度，還需要 30 年才能趕上它們的平均水平。

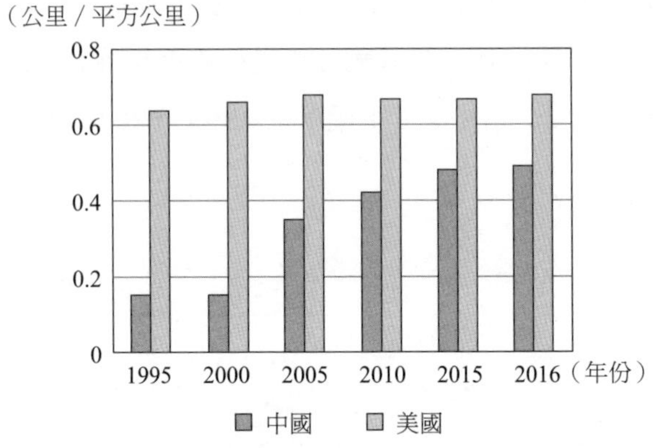

圖 9-2　1995—2016 年中美公路密度對比情況

數據來源：IMD, World competitiveness yearbook, 1995-2016.

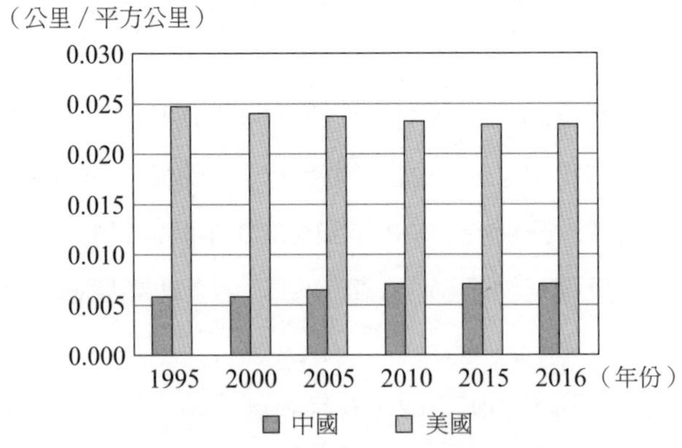

圖 9-3　1995—2016 年中美鐵路密度對比情況

數據來源：IMD, World competitiveness yearbook, 1995-2016.

航空運輸

我國民航事業發展迅猛。1950 年新中國民航初創時，只有 30 多架小型飛機，年旅客運輸量僅 1 萬人次。從 2012 年起中國已經是世界航空客運量第二大國，僅次於美國；2019 年旅客運輸量為 6.6 億人次（見圖 9-4），約為美國的 2/3。在未來的發展中，中國航空運輸業將迎來更快更大程度的發展。例如，目前我國僅有民用機場 200 多個，這個密度比起發達國家還有很大差距。

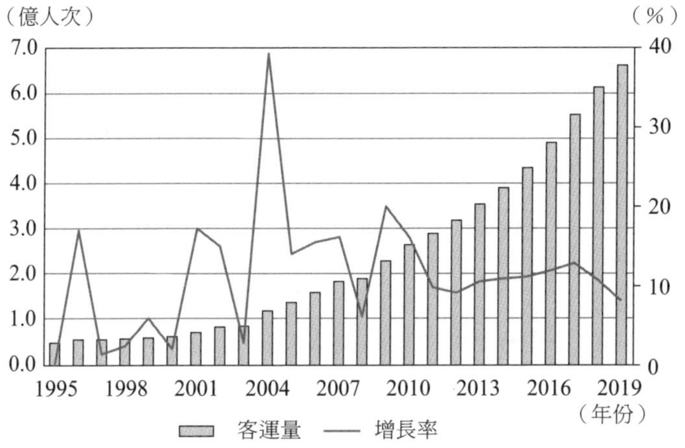

圖 9-4　1995—2019 年我國民航客運量及增長率

數據來源：IMD, World competitiveness yearbook, 1995-2019.

在民用航空迅速擴大的同時，我國航空業的綜合質量還有待提升。2019 年，在 IMD 對各國航空運輸質量評價中，中國在 63 個國家或地區中排名第 19，表明我國民航事業在滿足商業需求方面仍有提升空間。

2019 年，中國航空運輸質量得分超過 8 分，但與發達國家相比，稍有距離（見圖 9-5）。

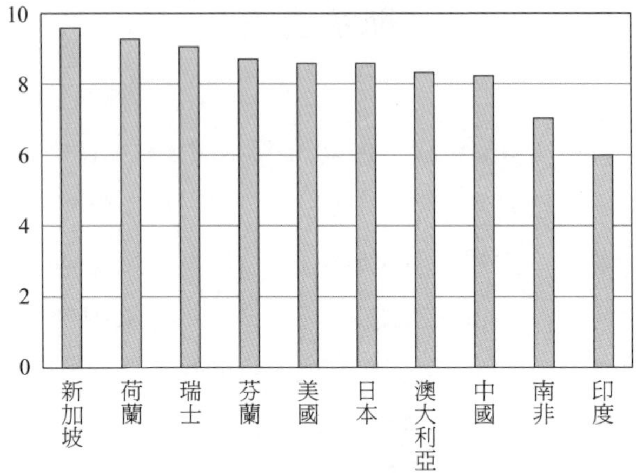

圖 9-5 2019 年部分國家航空運輸質量得分（1～10 分）情況

數據來源：IMD, World competitiveness yearbook, 2019.

水運：最廉價的交通方式

水運是使用船舶運送客貨的運輸方式，主要承擔大數量、長距離的運輸，是幹線運輸的主力之一。隨着國際貿易的迅猛發展，我國沿海港口建設十分迅速。據上海國際航運研究中心統計，2019 年，在全球十大港口中除貨物吞吐量排名第 4、第 8、第 10 的港口外，其餘均為中國港口，寧波 - 舟山港是全球貨物吞吐量最大的港口（見表 9-1）。與此同時，我國水運對經濟發展支撐軟實力獲得較高評價，2018 年水運能力得分為 8.20，處於全球中等偏上水平，但在主要國家或地區中排名第 21，與歐洲和北美洲水運能力仍有不小差距（見圖 9-6）。

表 9-1　2019 年全球十大港口貨物吞吐量排名

（萬噸）

排名	港口名稱	所屬國家	貨物吞吐量
1	寧波 - 舟山	中國	112 009
2	上海	中國	71 677
3	唐山	中國	65 674
4	新加坡	新加坡	62 618
5	廣州	中國	60 616
6	青島	中國	57 736
7	蘇州	中國	52 275
8	黑德蘭	澳大利亞	52 188
9	天津	中國	49 220
10	鹿特丹	荷蘭	46 940

數據來源：上海國際航運研究中心。

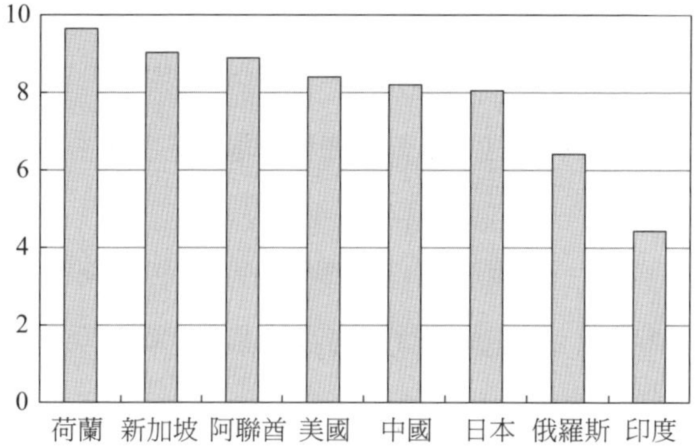

圖 9-6　2018 年部分國家水運能力得分（1～10 分）情況

數據來源：IMD, World competitiveness yearbook, 2018.

從「大哥大」到智能手機

1987 年移動電話進入中國，被稱為「大哥大」，是非常富有的人才用得起的商品，當時公開售價在 20 000 元左右，是當時人均 GDP 的 20 倍左右，且供不應求。而短短幾十年後，移動電話行業發生了翻天覆地的變化，移動電話（手機）進入智能時代，並已成為人們最為重要的隨身物品。根據《2019 年通信業統計公報》，2019 年，中國移動電話（手機）的普及率達 114.4 部 / 百人（見圖 9-7）。

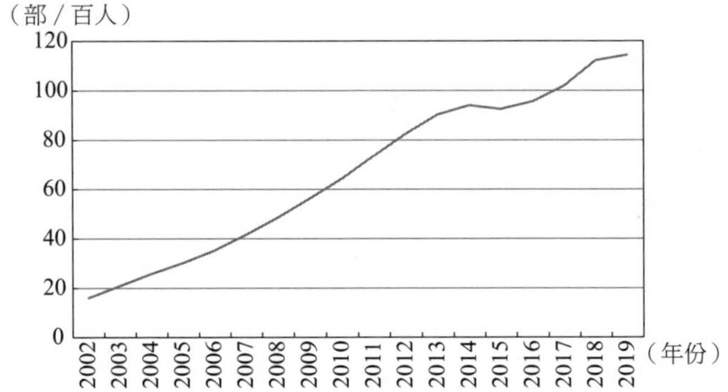

圖 9-7　2002—2019 年中國移動電話（手機）普及率

由圖 9-8 可知，無論是與自身相比還是與個別國家相比，中國在 2000—2018 年，千人移動電話擁有量均呈現跨越式發展。

網民眾多，網速較慢

網絡和智能時代人們已離不開計算機和互聯網。《中國互聯網發

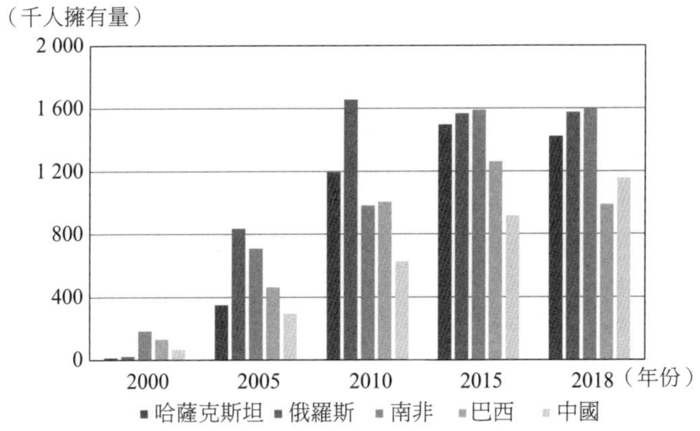

圖 9-8　2000—2018 年千人移動電話擁有量比較

數據來源：世界銀行，https://data.worldbank.org.cn.

展狀況統計報告》顯示，截至 2020 年 3 月中國互聯網使用人數達到 9.04 億，其中手機網民規模為 8.97 億，互聯網普及率達 64.5%。中國已經是世界上網民最多的國家（見圖 9-9）。

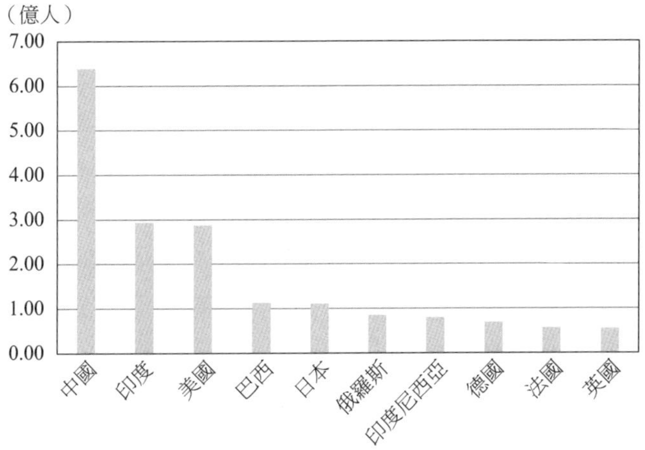

圖 9-9　2017 年全球網民數位居前十的國家

與龐大的網民數量形成鮮明對比的是，不考慮費用，中國的網速仍需要提升，在 2018 年 IMD 統計的 63 個國家或地區中，中國網速位列第 61，甚至低於印度、巴西（見圖 9-10）。網速慢已經成為政府、企業和網民都非常關心的問題。

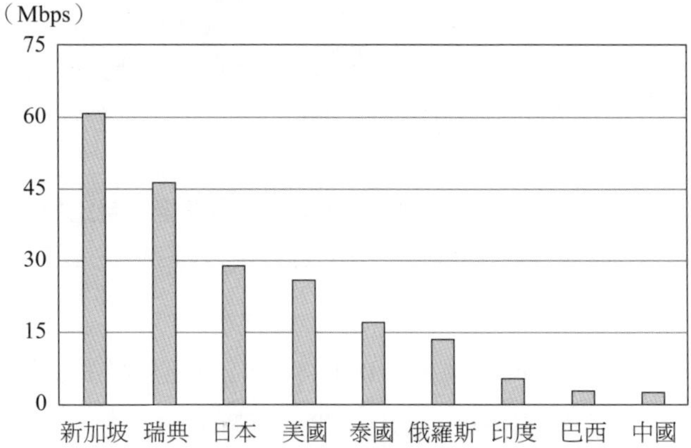

圖 9-10　2018 年部分國家網速比較

數據來源：IMD, World competitiveness yearbook, 2019.

你是另類文盲嗎

中國曾經是一個現代教育極不發達的國家，1949 年中國的文盲比例在 80% 以上，大多數人不識字。掃除文盲是中國政府幾十年來十分重要的一項工作內容。根據 2011 年公佈的第六次全國人口普查數據，2010 年中國的文盲率已經降至 4.08%，這是中國教育史上最有標誌性的成果。中國的基礎教育發展迅速，九年義務教育基本上實現了全覆蓋。中國的高等教育發展成就也十分顯著，每 10 萬人中擁有大學文化程度的人口迅速上升，1964 年僅為 416 人，1982 年為

615 人，1990 年為 1 422 人，2000 年為 3 811 人，2010 年猛增至 8 930 人。

隨着科學技術的發展，人們對於知識掌握的程度和要求也不完全一樣。聯合國將文盲重新定義為三類人：一是不能讀書識字的人，即傳統文盲；二是不能識別現代社會符號（地圖、曲線圖等常用圖表）的人；三是不能使用計算機進行信息交流和管理的人。後兩類被稱為「功能型文盲」，在現代信息社會中生活存在困難。

計算機的使用和普及是現代信息社會的標誌。我國信息技術起步晚、發展快。1995 年我國在用計算機只佔全世界的 1.12%，是美國的 3%；2017 年，我國已超過美國，成為在用計算機最多的國家（見圖 9-11）。同時，我國人均電腦擁有量並不高，2017 年為 0.347 台，不足美國的 30%（見圖 9-12）。在中國，計算機的使用和普及仍需要各方面做出積極的努力。

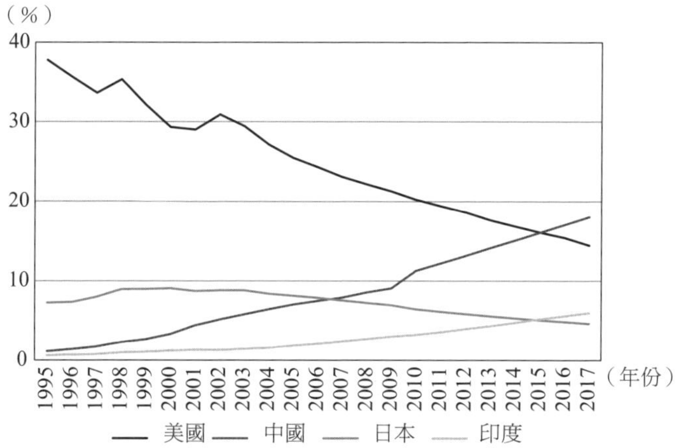

圖 9-11　1995—2017 年中美日印在用計算機佔世界份額變化情況

數據來源：IMD, World competitiveness yearbook, 1995-2017.

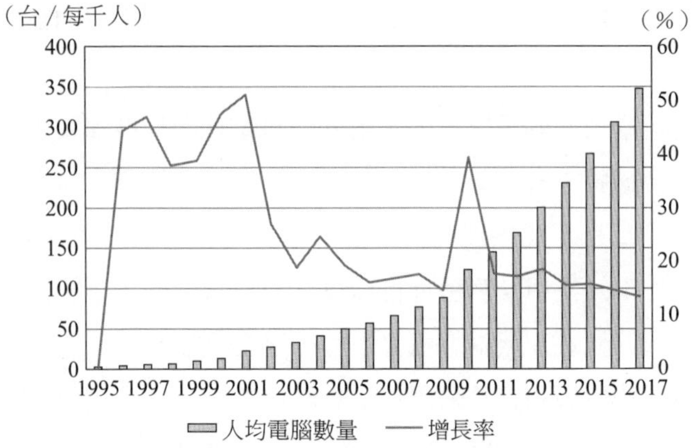

圖 9-12　1995—2017 年中國千人擁有電腦數量及其增長率

數據來源：IMD, World competitiveness yearbook, 1995-2017.

有錢才能搞科研

科學技術是第一生產力。蒸汽革命以來，科技的巨大進步極大地促進了世界經濟的繁榮發展，人類 20 世紀利用科技創造的物質財富超過了以往任何一個時代。近年來，我國研發 R&D 投入快速提升。2017 年 R&D 經費 2 604.94 億美元，居世界第二，僅次於美國（見表 9-2）。我國 R&D 經費佔 GDP 比例（2.13%）、人均 R&D 費用都有了翻天覆地的變化（見表 9-3）。但是同時也要看到與發達國家仍有明顯差距。

圖 9-13 顯示了 2005—2017 年部分國家 R&D 支出佔 GDP 比例變化情況。

表 9-2　2017 年 R&D 經費最多的國家及其排名

（億美元）

國　家	R&D 投入	排　名
美國	5 432.49	1
中國	2 604.94	2
日本	1 561.28	3
德國	1 116.21	4
韓國	696.99	5
法國	565.23	6
英國	438.89	7
意大利	263.19	8
加拿大	262.06	9
澳大利亞	234.24	10

表 9-3　2017 年部分國家 R&D 經費佔 GDP 的比例及其排名

國　家	比例（%）	排　名
韓國	4.55	1
以色列	4.54	2
瑞士	3.37	3
瑞典	3.33	4
日本	3.21	6
中國	2.13	14

數據來源：IMD, World competitiveness yearbook, 2019.

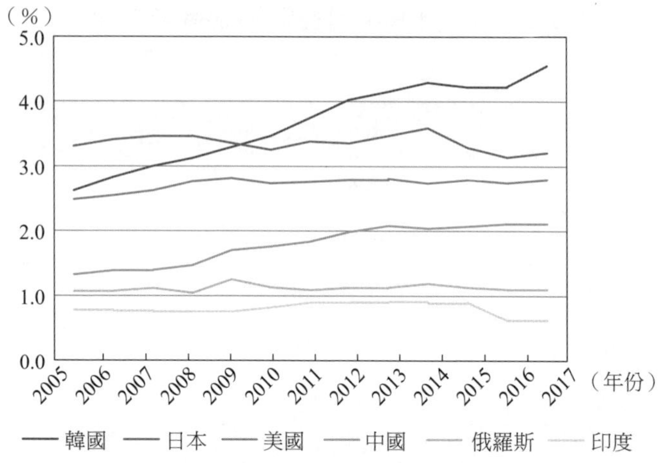

圖 9-13　2005—2017 年部分國家 R&D 支出佔 GDP 比例變化情況

數據來源：IMD, World competitiveness yearbook, 2005-2019.

| 小貼士 |

R & D

R&D 即科學研究與實驗發展（research and development），簡稱研發。一般指的是科研機構或者企業開發新產品或者實質性地改善技術、產品以及服務。R&D 經費投入強度用於衡量一個國家（地區）或企業對科技和創新的投入力度。

我們國家具有創新精神嗎

創新推動發展已經成為全球共識，面對經濟衰退，各國更加重視創新發展。2019 年，最具創新精神的國家是瑞士，且連續 9 年穩居榜首。我國近些年來也加大力度堅持創新發展理念，全面實施創新驅動發展戰略，深入推進大眾創業、萬眾創新，取得了明顯的成效。中國創新指數連續 4 年保持上升勢頭，位居全球第 14，相比 2018 年提升了 3 位（見表 9-4）。2016 年 5 月，全國科技創新大會召開，習近平總書記提出，到 2020 年時使我國進入創新型國家行列，到 2030 年時使我國進入創新型國家前列，到新中國成立 100 年時使我國成為世界科技強國。

表 9-4　2019 年部分國家創新指數及其排名

排　名	國　家	創新指數
1	瑞士	67.24
2	瑞典	63.65
3	美國	61.73
4	荷蘭	61.44
5	英國	61.30
6	芬蘭	59.83
7	丹麥	58.44
8	新加坡	58.37
9	德國	58.19
10	以色列	57.43
14	中國	54.82
15	日本	54.68

數據來源：WIPO，2019 年全球創新指數。

社會福利

我們的當下與未來

chapter 10

10

人類發展指數

健康、教育和生活是人們的基本需求，聯合國在此基礎上定義和測算了全球經濟體的人類發展狀況。中國是一個人口大國，所面臨的健康、教育和生活等方面的問題與困難也遠遠大於世界其他國家。儘管如此，中國仍然在這些方面做了大量的努力。2019 年中國人類發展指數為 0.758（見圖 10-1），按聯合國分類屬於高水平，與同處高水平的俄羅斯有一定差距，略高於世界平均水平 0.731，在 190 餘個經濟體中排名第 85，低於我國人均收入的世界排名。

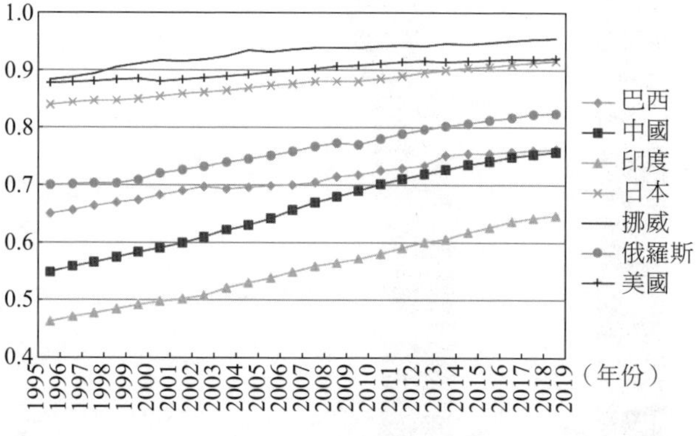

圖 10-1　1995 年以來部分國家人類發展指數變動情況

數據來源：UNDP, Human development reports, http://hdr.undp.org.

| 小貼士 |

人類發展指數

人類發展指數由聯合國開發計劃署在《1990 年人文發展報告》中提出，該指數結合經濟、社會和教育方面的指標，衡量一個國家三大基本人類發展維度的平均成就：健康長壽的生活（健康）、知識的獲取（教育）以及體面的生活（收入）。

根據 2018 年的結果，聯合國將全球經濟體人類發展水平分為四類：挪威、瑞士、愛爾蘭、德國等 62 個得分在 0.8 以上的經濟體處於「極高」水平，塞爾維亞、巴西、中國、印度尼西亞等 54 個得分 0.7～0.8 的經濟體處於「高」水平，越南、伊拉克、印度、肯尼亞等 37 個得分 0.55～0.7 的經濟體處於「中」水平，敍利亞、尼日利亞、坦桑尼亞、尼日爾等 36 個經濟體處於「低」水平。

老齡化：持續增長的隱憂

老齡化意味着勞動力人口比例的降低，從經濟學上講是財富的創造者需要拿出更多的收入來供養老人（當然現時的勞動者將來也會步入老齡並需要更年輕一代的供養）。自 20 世紀 60 年代以來，我國 65 歲及以上人口的比例穩定上升，於 2000 年左右突破 7%，使中國進入老齡化社會，2019 年該比例已達 12.6%。所以，我國經濟發展不僅面臨着保持中高速增長的挑戰，還面臨着人口老齡化和勞動力增長不足的挑戰。儘管與發達國家相比這一數字還不算太高，但對未來經濟增長和福利體系的挑戰依然嚴峻（見圖 10-2）。

2019 年 11 月，中共中央、國務院印發了《國家積極應對人口老齡化中長期規劃》，作為國家戰略系統闡述了應對人口老齡化的工作任務，具體包括財富儲備、勞動力供給、服務與產品供給、科技創新能力、社會環境等五個方面，較為全面地闡述了積極健康老齡化的支持要素，即應對老齡化不僅僅是提供針對老年人口的服務，更要綜合考慮勞動力供給和人口結構變化，保持經濟持續發展和財富儲備支

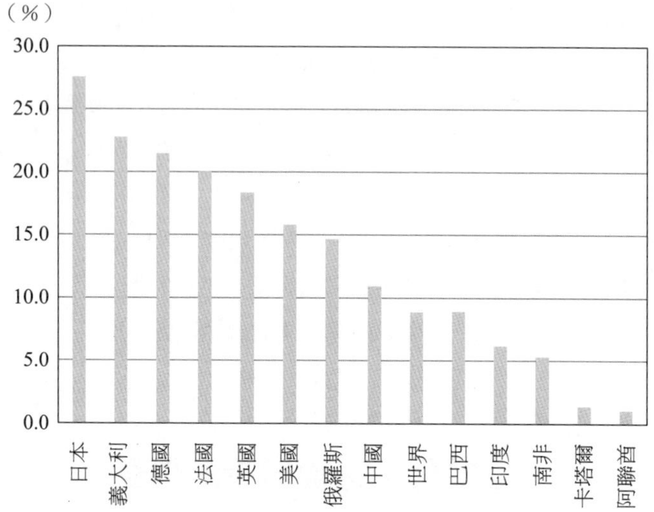

圖 10-2　2018 年部分國家 65 歲及以上人口比例

數據來源：世界銀行，https://data.worldbank.org.cn.

持，改善和提升健康與衛生條件，營造良好自然和社會環境，通過技術和創新尋找應對老齡化的突破口。

我們為孩子做了多少

我國是發展中的大國辦大教育，目標就是要辦好公平優質的教育，以教育現代化支撐國家現代化，讓更多的孩子成就夢想，更多的家庭實現希望。自 2006 年以來，我國人均公共教育支出增長迅速，15 歲以上成人文盲率下降明顯，至 2015 年，成人文盲率已不足 4%（見圖 10-3）。從圖 10-4 看出，我國人均公共教育支出不足 1 000 美元，儘管增長迅速，我國與發達國家差距還很大。此外，教育在推動經濟發展上的評價我們也明顯落後，發展教育仍需着力（見圖 10-5）。

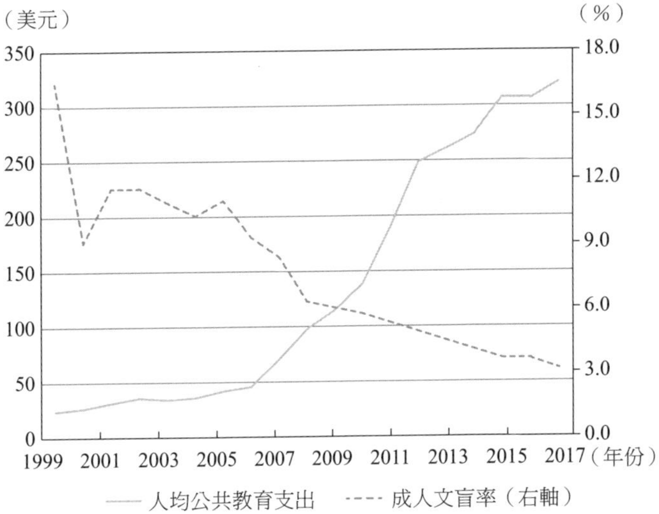

圖 10-3　1999—2016 年中國人均公共教育支出和成人文盲率

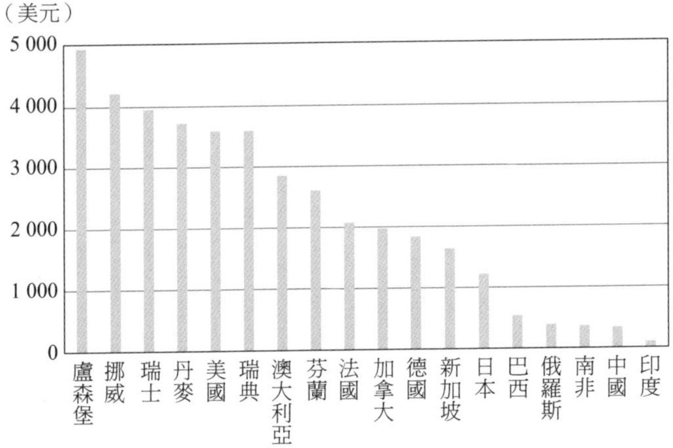

圖 10-4　2017 年部分國家人均公共教育支出

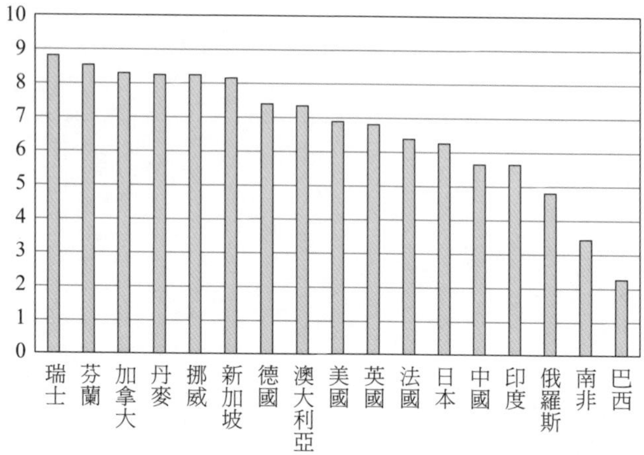

圖 10-5　2018 年部分國家的教育在推動經濟發展方面的得分（0～10）情況

數據來源：IMD, World competitiveness yearbook, 2019.

亟待改進的健康設施

健康是人民幸福的根本，是社會發展的基礎。沒有全民的健康，就沒有全面的小康。近幾十年來，中國的醫療保險制度經歷了較長時期的改革和調整，目前的任務就是要搭建起基本醫療衛生制度框架，完善多層次的全民醫保制度。

目前，全球人均健康公共支出前 10 的國家中，歐洲佔 8 個，且其保健基礎設施能很好地滿足社會需要（見表 10-1）。金磚五國人均健康公共支出均較低，僅巴西超過人均 1 000 美元，我國僅達人均 400 美元，五國保健基礎設施均無法很好地滿足社會需要，與發達國家差距較大（見表 10-2）。2016 年，在全國衛生與健康大會上，我國提出了加快推進健康中國建設的宏偉目標，這必將對改進和完善我國醫療保險等制度起到重要作用。

表 10-1　全球人均健康公共支出排名前 10 的國家及其保健基礎設施得分情況

國家	人均健康公共支出（2016，美元）	保健基礎設施得分（2019）	排名
美國	9 882	5.43	1
瑞士	9 858	8.91	2
挪威	7 425	7.86	3
盧森堡	6 309	7.97	4
丹麥	5 658	8.23	5
瑞典	5 604	6.92	6
冰島	5 087	7.26	7
澳大利亞	4 858	7.53	8
荷蘭	4 766	8.52	9
德國	4 728	8.20	10

表 10-2　金磚五國人均健康公共支出和保健基礎設施得分

國家	人均健康公共支出（2016，美元）	保健基礎設施得分（2019）
巴西	1 025	2.14
俄羅斯	470	3.57
南非	430	3.06
中國	403	5.98
印度	64	4.55

數據來源：IMD, World competitiveness yearbook, 2019.

從 1997—2016 年，在金磚五國中，中國的人均健康公共支出只高於印度，與巴西（儘管有較大波動）差距依然明顯（見圖 10-6）。

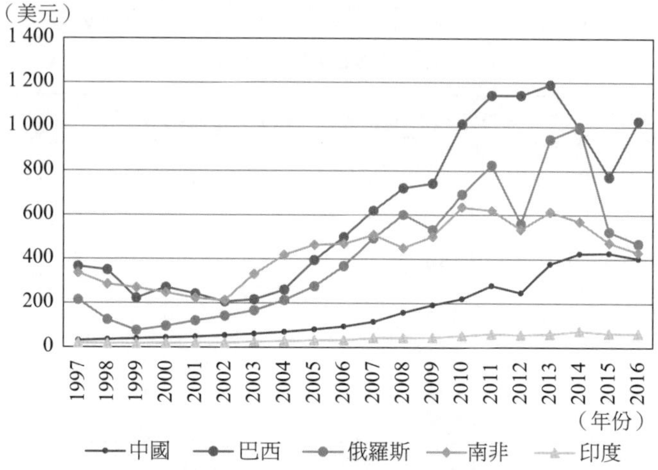

圖 10-6　金磚五國人均健康公共支出變化

數據來源：IMD, World competitiveness yearbook, 2000-2019.

高質量的生活離我們有多遠

西歐多數國家生活質量評價得分在 9 分以上，質量普遍較高，金磚五國 20 多年來生活質量水平提升軌跡較為相似，均在波動中有所提高，相互之間差距逐漸縮小，中國更是其中提升比較明顯的國家（見圖 10-7）。但是從整體上看，由於中國發展基礎比較薄弱，目前仍與發達國家有較大差距。

享受的歐洲與勤奮的亞洲

亞洲國家無論發達與否，普遍比較勤奮，年平均工作時間在 2 000 小時以上；歐洲國家年平均工作時間約 1 750 小時。我國人民更

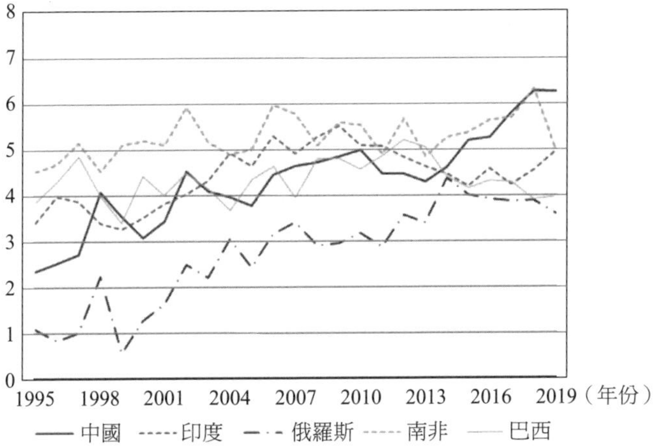

圖 10-7　金磚五國 1995—2019 年生活質量評價得分（0～8 分）變化情況

數據來源：IMD, World competitiveness yearbook, 1995-2019.

是以勤奮堅忍、吃苦耐勞著稱於世。隨着我國經濟快速發展和人民生活水平不斷提高，各種消費特別是文化休閒消費也快速增加。目前，我國法定節假日天數已接近世界平均水平，但職工帶薪年休假較少，總體休假水平明顯低於世界平均水平（見表 10-3）。

表 10-3　休假時間比較　（天）

國　家	法定節假日	工作 10 年員工帶薪年休假（工作日）	合計天數
法國	11	25	36
英國	8	28	36
日本	15	20	35
韓國	15	19	34
哥倫比亞	18	15	33

（續表）

國　家	法定節假日	工作 10 年員工帶薪年休假（工作日）	合計天數
意大利	11	20	31
澳大利亞	10	20	30
德國	9	20	29
南非	12	15	27
美國	10	15	25
墨西哥	7	16	23
泰國	16	6	22
中國	11	10	21
菲律賓	15	5	20
加拿大	9	10	19
62 個國家或地區（平均）	11.7	19	30.7

數據來源：《人民日報》。

「一帶一路」

新起點、新機遇

chapter 11

11

2013 年，習近平總書記首次提出共建「一帶一路」（絲綢之路經濟帶和 21 世紀海上絲綢之路）的重大倡議，得到國際社會廣泛關注和積極響應。它借用了古代中國與世界交往的「絲綢之路」之名，是新時代中國加強與世界聯繫的重要倡議，它以和平與發展為主線，積極發展與沿線國家或地區的經濟合作，共同尋找戰略機遇，推動建立政治互信、經濟融合、文化包容的利益共同體、命運共同體和責任共同體。

2008 年國際金融危機極大地減緩了世界的發展，發達國家經濟長期低迷，國內政治壓力增大，對全球化和自由貿易的態度有所扭轉，不僅未能解決自身的經濟發展問題，對全球特別是發展中國家或地區的負面影響也十分明顯。

中國經過改革開放以來的快速發展，積累了財富和經驗。一方面，中國的經濟總量已經達到世界第二位，產業門類齊全，且在多個產業和多種關鍵產品上具有全球競爭優勢，在危機中成為了拉動全球經濟增長的重要力量。另一方面，中國的人均財富水平仍處於發展中國家行列，且中國也深受全球危機的影響，經濟增速開始放緩。尋求新的經濟增長點，特別是在全球化背景下尋求與世界市場的合作與共贏，不僅是中國與有關國家或地區的重要戰略合作機遇，也是中國作為負責任大國的重要體現。

「一帶一路」倡議在這樣的背景下提出，它既是以市場為原則的經濟合作，又特別注重基礎設施建設等單一國家或私人資本所不願或無力介入的領域；它既是經濟合作主導的，又滲透到社會、政治、文化等多個領域，其影響是多方面的。

在「一帶一路」沿線國家或地區當中，既有具備一定發展基礎的高收入國家或地區，如以色列、新加坡和韓國等，又有東歐轉型國家，如波蘭、捷克和白俄羅斯等，更多的是亞非大陸廣大的發展中甚至欠發達國家或地區，如巴基斯坦、阿富汗和埃塞俄比亞等。初步了解代表性國家或地區的經貿文化特徵，有助於全面了解這一前瞻性戰略的基礎環境，有助於推進符合當地國情和民情的發展思路。

我們需要牢牢記住習近平總書記的講話：「在『一帶一路』建設國際合作框架內，各方秉持共商、共建、共享原則，攜手應對世界經濟面臨的挑戰，開創發展新機遇，謀求發展新動力，拓展發展新空間，實現優勢互補、互利共贏，不斷朝着人類命運共同體方向邁進。」[1] 這是習近平總書記提出這一倡議的初衷，也是希望通過這一倡議實現的最高目標。

新的區域合作理念

「一帶一路」中的「帶」指絲綢之路經濟帶，它連接了中國與中亞、東歐和西歐，旨在實現中國與地中海、波斯灣、中東地區、南亞和東南亞的互聯互通。該條線路的重要規劃在於搭建「亞歐大陸橋」，即建設一條始於中國東部沿海地區，一路延伸至西歐的物流鏈；開發多條經濟走廊，使中國與蒙古、俄羅斯、中亞、東南亞連接。

「一帶一路」中的「路」指 21 世紀海上絲綢之路，它始於中國東南沿海，向西經南海和印度洋通向地中海，連接東南亞、南亞、中東、西非、北非和歐洲的廣闊地區；向東延伸至南太平洋，連接東南亞，進而影響環太平洋沿線。

「一帶一路」一端是快速發展的中國，一端是高度發達的歐洲，沿線地區則主要是發展中國家和轉型國家。這些國家不僅地理信息差

1 中共中央宣傳部 . 習近平新時代中國特色社會主義思想學習綱要 . 北京：學習出版社，2019：213-214.

異大，在社會、文化、宗教等方面也具有鮮明的多樣性，因此求同存異、互利共贏是「一帶一路」倡議的重要原則。

表 11-1 具體呈現了 2018 年「一帶一路」沿線主要國家的面積和人口信息。

表 11-1　2018 年「一帶一路」沿線主要國家面積和人口信息

國家	人口（百萬）	面積（萬平方公里）	人口密度（千人 / 平方公里）
中國	1 392.7	956.3	148
柬埔寨	16.2	18.1	92
捷克	10.6	7.9	138
埃及	98.4	100.1	99
埃塞俄比亞	109.2	110.4	109
印度	1 352.6	328.7	455
伊朗	81.8	174.5	50
以色列	8.8	2.2	410
哈薩克斯坦	18.3	272.5	7
韓國	51.6	10.0	529
巴基斯坦	212.2	79.6	275
俄羅斯	144.5	1 709.8	9
泰國	69.4	51.3	136
土耳其	82.3	78.5	107
全球	7 592.9	13 202.5	60

數據來源：世界銀行，https://data.worldbank.org.cn.

不平衡的區域發展

「一帶一路」沿線國家或地區多是發展中國家，這些地區有發展經濟的期盼，也是世界經濟發展的動力所在。從人均國民收入水平看，東亞和東南亞地區略為富有，2018 年，其人均國民收入水平為 1 萬美元左右，基本達到全球平均水平；南亞較為貧困，人均國民收入水平僅為 1 600 美元左右；中東地區差異巨大，既有卡塔爾人均國民收入 7.5 萬美元的高水平，也有伊拉克和伊朗人均國民收入 6 000 美元左右的中低水平。

2018 年「一帶一路」沿線部分國家人均國民收入水平如表 11-2 所示。

從推動全球經濟發展的角度看，這一地區的多個國家近年來實現了快速的經濟增長，且不乏區域大國，為全球走出危機貢獻了重要力量。比如 2018 年，中國、印度、越南、埃塞俄比亞等國 GDP 增長率在 6% 以上，坦桑尼亞、印度尼西亞等國增長率在 5% 以上，相應當年全球 GDP 增長率僅為 3.1%（見圖 11-1）。

在投資中尋找機會

投資是推動經濟增長的重要引擎。發展中國家和中國改革開放初期一樣，都面臨投資缺乏的問題，而這一問題在發展初期無法從內部尋找解決途徑，多依靠外商直接投資。中國是成功吸引外商直接投資的典範，2018 年外商直接投資存量近 2 萬億美元，僅次於美國而位居世界第 2，極大地推動了我國經濟的穩定發展（見表 11-3）。「一帶一路」沿線的多數國家目前仍處於投資來源不足、持續增長動力不足的狀態，與其所擁有的資源和勞動力不匹配，有待在投資中尋找機會，而外商直接投資則是起步階段的重要支撐。

表 11-2　2018 年「一帶一路」沿線部分國家人均國民收入水平及全球平均水平

（美元）

國家	匯率法	PPP 法
新加坡	58 770	92 150
以色列	40 930	40 280
韓國	30 620	39 630
捷克	20 230	38 180
波蘭	13 300	25 850
哈薩克斯坦	8 080	22 950
中國	9 460	15 320
伊朗	5 628	14 560
泰國	6 610	17 650
印度	2 020	6 630
巴基斯坦	1 590	5 110
柬埔寨	1 390	3 970
埃塞俄比亞	790	2 140
全球	11 125	16 885
低收入水平	847	2 330
中低收入水平	2 243	6 887
中高收入水平	8 864	16 809
高收入水平	44 295	50 752

數據來源：世界銀行，https://data.worldbank.org.cn.

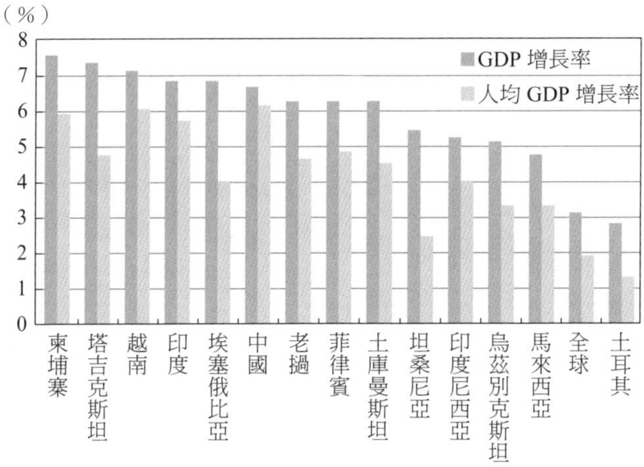

圖 11-1　2018 年「一帶一路」沿線部分國家及全球 GDP 與人均 GDP 增長率

數據來源：世界銀行 . 世界發展指標 . https://data.worldbank.org.cn.

表 11-3　2000—2018 年部分國家外商直接投資存量

（億美元）

國家	2000	2005	2010	2015	2018
中國	1 933	2 721	5 878	12 209	16 277
埃塞俄比亞	9	28	42	109	223
印度	163	432	2 056	2 826	3 864
印度尼西亞	—	412	1 607	2 224	2 263
伊朗	26	160	290	451	570
巴基斯坦	69	102	198	344	419
俄羅斯	297	1 786	4 642	2 627	4 074
土耳其	188	714	1 884	1 590	1 345
澳大利亞	1 217	2 477	5 277	5 658	6 829

（續表）

國家	2000	2005	2010	2015	2018
法國	1 842	3794	6307	6 874	8 249
德國	4 709	6 401	9 559	7 817	9 390
以色列	204	308	601	993	1 480
新西蘭	241	441	597	665	748
全球	73 773	114 230	197 519	263 127	322 720

數據來源：UNCTAD（聯合國貿易發展會議）數據庫。

從人均水平看，2018 年，發達國家吸引外商直接投資存量多在人均 1 萬美元以上，而包括中國在內的廣大發展中國家和轉型國家的人均水平普遍較低，特別是發展中國家的人均水平更低（見表 11-4）。提高這一水平無疑將大力推動發展中國家的經濟和社會發展。

表 11-4　2000—2018 年部分國家人均外商直接投資存量

（美元）

國家	2000	2005	2010	2015	2018
中國	151	206	432	874	1 150
埃塞俄比亞	14	37	48	110	207
印度	16	38	167	216	285
印度尼西亞	—	182	663	862	848
伊朗	39	227	388	568	695
巴基斯坦	50	66	116	182	208
俄羅斯	203	1 244	3 243	1 826	2 830
土耳其	297	1 052	2 605	2 031	1 642

（續表）

國家	2000	2005	2010	2015	2018
澳大利亞	6 382	12 241	23 857	23 773	27 566
法國	2 995	5 996	9 676	10 305	12 214
德國	5 779	7 837	11 816	9 567	11 411
以色列	3 397	4 666	8 091	12 315	17 514
新西蘭	6 246	10 663	13 670	14 409	15 741
全球	1 241	1 753	2 845	3 577	4 243

數據來源：UNCTAD 數據庫。

在建設中尋求合作

基礎設施建設是經濟發展的重要保障。中國在經濟快速發展的同時，不僅構建了全球最大的高速鐵路網，而且在高速公路、民用航空、港口碼頭、新能源發電、輸電線路、通信等基礎設施建設上取得了突飛猛進的發展，在 2018 年的基礎設施狀況綜合評估中，中國均獲得了較高分數（見圖 11-2）。

綜觀「一帶一路」沿線國家，多數國家的基礎設施建設相對比較落後，即使在某些方面有特色，但整體還是比較落後。比如，從自然地理條件來說，埃及地處大西洋連接印度洋的要道，其港口發展有一定優勢，但公路和鐵路發展水平落後。推動沿線國家發展基礎設施，不僅是推動當地經濟發展的着力點，也是從陸路和水路建立歐亞通道的關鍵節點。圖 11-3 是世界經濟論壇對相關國家基礎設施情況的評估。

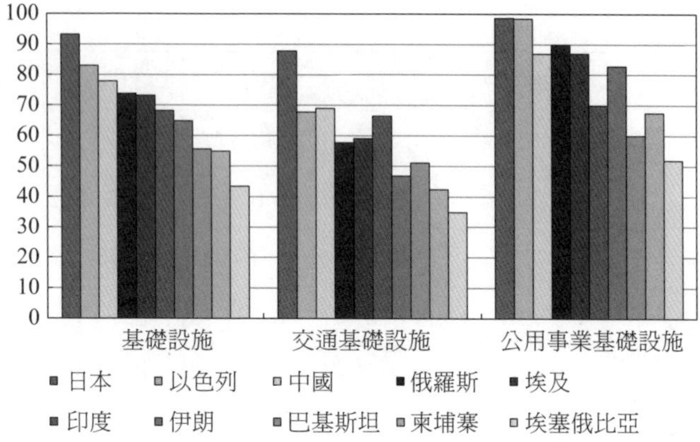

圖 11-2　2018 年部分國家基礎設施狀況綜合評估（0～100 分）

數據來源：World Economic Forum, The global competitiveness report, 2019.

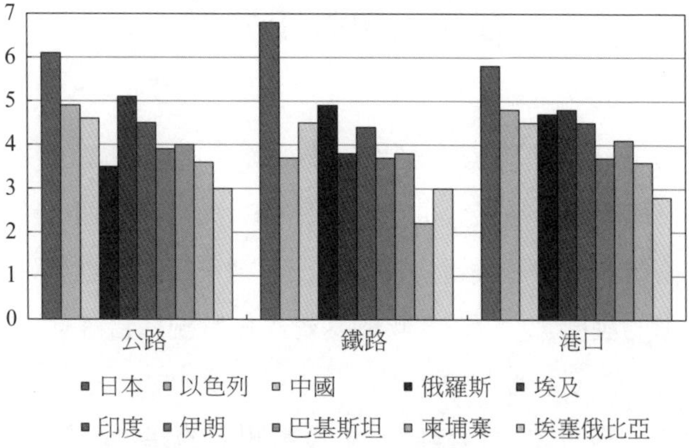

圖 11-3　2018 年部分國家基礎設施分類狀況評估（0～7 分）

數據來源：World Economic Forum, The global competitiveness report, 2019.

從網絡服務看，發達國家百萬人擁有的互聯網服務器數量多在千台以上，而「一帶一路」沿線多數國家相對落後（見圖 11-4）。發展互聯網，將為藉助互聯網發展新經濟提供廣闊平台，中國和「一帶一路」沿線國家大有可為。

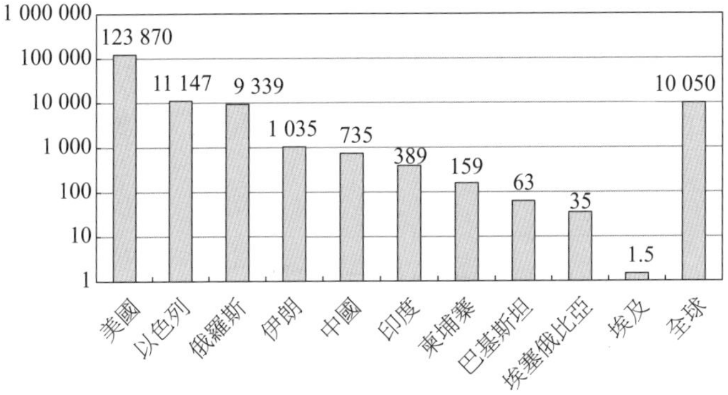

圖 11-4　2019 年部分國家每百萬人擁有的互聯網服務器個數

說明：由於區域間差距很大，這裏採用對數坐標軸。

數據來源：世界銀行，https://data.worldbank.org.cn.

在發展中承擔責任

在全球化過程中，中國始終堅持和平共處、互利共贏。在新的形勢下，我們既要看到輝煌的發展成果，又要認清我國仍為發展中國家。這要求我們一方面仍要關注國內問題，解決自身的發展問題和貧困問題；另一方面又要力所能及地承擔大國責任，為全球發展貢獻力量。「一帶一路」倡議的提出正是中國承擔國際責任的體現。

中國的人類發展指數從 20 世紀 90 年代 0.499 的水平提升到 2018 年的 0.758，是增長最快的國家之一，但距離高質量的人類發展還有一定距離。同時，綜觀「一帶一路」沿線國家，除以色列等少數發達國家以及俄羅斯等部分轉型國家外，多數國家的人類發展指數不高，仍處於發展的起步階段（見圖 11-5）。

教育是發展的基礎。以 15 歲以上人口的識字率來看，2015 年，中國已達到 96% 以上，與發達國家幾乎無差距，但多數「一帶一路」

沿線發展中國家的這一比例仍不足 80%，甚至更低（見圖 11-6）。中國推動「一帶一路」產業合作與發展的同時，仍會承擔自己應有的責任，在合作中推動沿線國家或地區的全面發展，以促進共同進步。

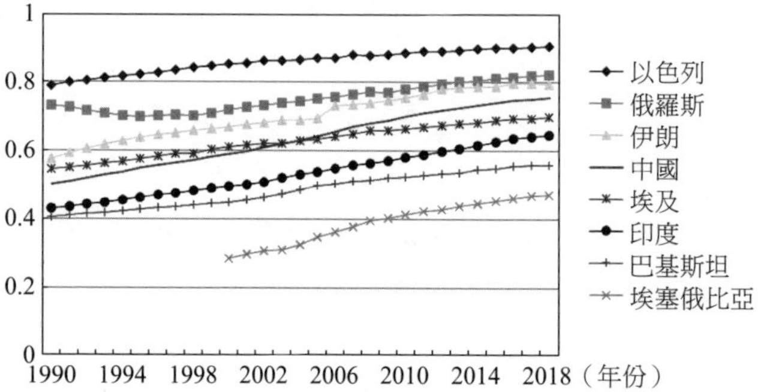

圖 11-5　1990—2018 年部分國家人類發展指數變化趨勢

數據來源：UNDP, Human development reports, http://hdr.undp.org.

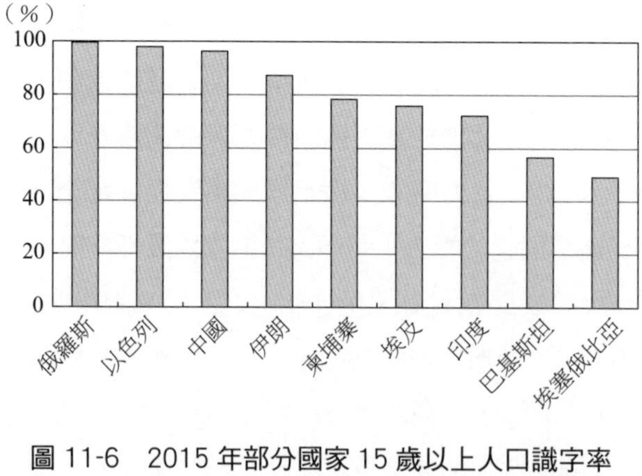

圖 11-6　2015 年部分國家 15 歲以上人口識字率

數據來源：UNDP, Human development reports, http://hdr.undp.org.

後記

一直以來我們都有一個願望，就是想用數字來解讀中國。新中國成立 70 多年來，我國經濟建設取得了巨大成就，使中國成為巍然屹立於世界東方的社會主義大國；改革開放 40 多年來，我國經濟發展創造了舉世矚目的奇跡，中國一躍成為世界第二大經濟體；黨的十八大以來，我國經濟社會發展取得了歷史性成就，實現了歷史性巨變。這些成就記錄着中國人民在中國共產黨領導下的偉大奮鬥歷程。這就是我們撰寫這本書的初衷。

本書自 2013 年開始起意，經過了多輪調整和斟酌。其間，劉開沂、陳麗、葉銀丹參與了前期的分析工作，葉銀丹、林彩密、王禕帆、劉漩參與了數據更新，陳健參與了組織協調工作，在此一併致謝！

在本書成書之時，恰逢國家統計局 - 中國人民大學數據開發中心啟動運行。作為中心的工作人員，我們希望藉助這一平台，推動我國政府統計微觀數據的開發和利用，提升公眾的數據科學素養，引導大眾關注、理解和參與數字解讀中國事業。

作者

數字解讀中國

賀耀敏　甄　峰　著

責任編輯　劉　華
裝幀設計　吳丹娜
排　　版　黎　浪
印　　務　劉漢舉

出版　開明書店
香港北角英皇道 499 號北角工業大廈一樓 B
電話：（852）2137 2338　傳真：（852）2713 8202
電子郵件：info@chunghwabook.com.hk
網址：http://www.chunghwabook.com.hk

香港管理學院出版社
香港中環域多利皇后街 9 號中商大廈 6 樓
電話：（852）2334 8282
電子郵件：info@hkaom.cdu.hk
網址：http://www.hkaom.edu.hk

發行　香港聯合書刊物流有限公司
香港新界荃灣德士古道 220-248 號
荃灣工業中心 16 樓
電話：（852）2150 2100　傳真：（852）2407 3062
電子郵件：info@suplogistics.com.hk

印刷　美雅印刷製本有限公司
香港觀塘榮業街 6 號海濱工業大廈 4 樓 A 室

版次　2021 年 11 月初版

規格　32 開（210mm×148mm）

ISBN　978-962-459-237-5